Und dennoch ist es Leben

Birgit Böckli

Und dennoch ist es Leben

Erzählungen

Bibliografische Informationen der Deutschen Bibliothek:
Die Deutsche Nationalbibliothek verzeichnet diese Publikation in der Deutschen Nationalbibliografie; detaillierte bibliografische Daten sind im Internet über dnb.d-nb.de abrufbar.

Impressum

Titelillustration: Andreas Koch
Erste Auflage Mai 2012
Druck und Verlag: literates-Verlag, Brüggen
ISBN: 978-3-943360-40-0

9 783943 360400

Inhalt

Der Frosch und die Rose

Eines Morgens aber hielt es der kleine Frosch nicht mehr aus. Es hatte geregnet in jener Nacht, dicke Tropfen schimmerten im Gewirr der Grashalme, und die ersten Sonnenstrahlen fielen als blasse Fäden zur Erde. Ganz unbemerkt kletterte er aus dem Gartenteich…"

„Ich bitte dich, hör doch endlich auf."
„Halt dein Maul!" Er sitzt auf der Bettkante, das Buch auf den Knien. Jetzt heult sie wieder.
Durch das offene Fenster dringt warme Nachtluft ins Zimmer, angefüllt mit dem schweren, süßlichen Geruch einer fremden Vegetation. Irgendwo schreit ein Gecko. Wenn er den Atem anhält, kann er den Gesang der Wellen hören.
Ihr Gesicht erscheint in der Tür. Bleich, denkt er. Bleich und winzig.
„Kommst du jetzt bitte?"

Er hält das Buch hoch, sodass sie das Bild sehen kann, auf dem der Frosch heimlich den Teich verlässt. „Das ist seine Lieblingsgeschichte“, sagt er mit rauer Stimme.
„Ich weiß.“
Sie schließt die Tür. Endlich. Teilnahmslos betrachtet er die Umrisse des kleinen Raumes, den schmalen Wandbehang, auf dem Stuhl ein paar Kissen. Fröhliche Farben. Langsam lässt er sich zu Boden gleiten, spürt das kühle Holz des Bettrahmens im Rücken, während er weiterliest:

"Wie wunderschön ist doch die Welt, dachte der kleine Frosch, als er über die morgenfrische Wiese hüpfte. Er betrachtete mit großen Augen den Misthaufen, in dem seine Eltern den letzten Winter verbracht hatten, weiter hinten erhoben sich die Tomatenpflanzen, und auf einem kleinen Beet daneben wuchsen Kohl und Karotten. Er begegnete Käfern und Regenwürmern, die vorsichtig ihre Köpfe aus der warmen Erde streckten. Und all das hatte ihm seine Mutter die ganze Zeit vorenthalten…“

Im Nebenzimmer hört er sie umhergehen. Sie trägt diese Sandalen mit den Holzabsätzen.
Klack-Klack, Klack-Klack…

Eine Träne tropft auf die Buchseite, und er wischt sorgfältig mit dem Ärmel seines Schlafanzugs darüber. Noch immer klingen ihre Worte in seinem Schädel nach, dringen tiefer in seinen Verstand vor, eine endlose Spirale, deren Bewegungen er nicht aufhalten kann.

„Nun mach doch nicht so einen Aufstand. Weißt du, wie viele Scherben ich schon im Fuß gehabt habe? Das ist doch nicht so schlimm."

Seine Hand tastet nach der geschnitzten Statue, die sie auf dem Markt von Ubud gekauft hat. Eine vierarmige Göttin, Lakshmi, die Beschützerin der Ehefrauen. Sie scheint ihn anzulächeln, ein Lächeln voller Mitgefühl und Hoffnung. Es entsteht ein dumpfes Geräusch, als er sie zu Boden fallen lässt.
„Was war das denn?" Schon wieder ihr Gesicht, diese Augen, die er nicht erträgt, weil in ihnen derselbe Schmerz lodert. Er kann ihn spüren, wie ein inneres Beben. Sie hat kein Recht auf seinen Schmerz!
„Raus, verdammt!", brüllte er sie an.
„Bitte, leg jetzt das Buch weg und komm rüber. Sie werden gleich hier sein."
„Lass mich." Weshalb drängt sie ihn so? Es ist zu spät. Es gibt kein morgen, wann wird sie das endlich begreifen?

Mit Wohlwollen bemerkte er, dass sie Angst vor ihm hat. Ein scharfer Blick, und sie verlässt den Raum. Das ist gut, das ist verdammt gut! Wenn er die Kraft dazu hätte, würde er jetzt lachen.
Die Erinnerungen kommen wellenförmig, verfolgen ihn, treiben ihn fort an einen lichtlosen Ort. Mit geschlossenen Augen sieht er sie vor sich stehen, die Sonnenbrille im Haar, sogar die winzigen Fältchen um ihre Augen.

„Aber könnte es nicht auch eine Grippe sein? Woher willst du wissen, dass das Fieber etwas mit der Entzündung zu tun hat? Ich glaube, du übertreibst mal wieder.“

Er lauscht einen Moment in die Stille, leise blättert er die Seite um. Im Nebenraum der Rhythmus ihrer Schritte. Sollen sie ruhig kommen, er wird die Türe nicht öffnen. Vielleicht nie wieder.

„Dann endlich erblickte er das Rosenbeet, von dem ihm die Schnecke erzählt hatte. Voller Stolz reckten die Rosen ihre herrlichen Köpfe dem Blau des Himmels zu, und mit gewaltigen Hopsern machte der kleine Frosch sich auf den Weg dorthin.“

An der Eingangstür der Ferienwohnung ist ein Klopfen zu vernehmen. Er spürt, wie sich all seine

Muskeln verkrampfen. Zwei Jahre hat er auf diesen Scheißurlaub gespart. Was bleibt zurück? Ein paar Fotos fürs Album, Sonnenuntergang auf Bali.
Die Bilder entstehen ohne Vorwarnung in seinem Kopf, kleine Hände, die sich nach ihm strecken, ein eisverschmierter Mund, Lichtreflexe in blauen Kinderaugen. Glückliche Erinnerungen, die ihn fast um den Verstand bringen.
Das erste zarte Morgenrot berührt die Zimmerwände. Erbarmungslos drängt ihm der neue Tag entgegen. Von nebenan die Stimme der Vernunft: „Sie sind da, wir müssen aufmachen. Jetzt komm doch endlich her, warum lässt du mich nur so alleine?"
Der Duft der Magnolien ist stärker geworden, er bekommt kaum noch Luft.

Ein blaues T-Shirt hat sie getragen, mit winzigen Glasperlen bestickt. Er sieht, wie sich das Sonnenlicht darin bricht, als sie den Kopf an seine Schulter legt, gestern. Noch einmal verfängt sich sein Blick in dichten schwarzgetuschten Wimpern, lässt ihn die Zuversicht in ihren Augen frösteln. Dazwischen liegen vierundzwanzig Stunden, ein ganzes Leben.

„Zum Arzt gehen, hier im Ausland? Lass uns lieber noch einen Tag warten. Ich bin sicher, mit ein bisschen Kamille

kriegen wir das bald wieder hin. Ich geb ihm noch ein Fieberzäpfchen.“

Seine Finger sind steif geworden, nur mit Mühe gelingt es ihm, das Buch zu halten. Der Markt von Ubud fällt ihm ein, Menschen in langen Gewändern, all die Webarbeiten und Schnitzereien, lächelnde Frauen, die vor einem ausgebreiteten Tuch voll exotischer Gewürze sitzen. Steinerne Altare an jeder Ecke, mit Blumen geschmückt. Zu seinen Füßen liegt die Statue, die Göttin blickt ihn milde an. Im Hintergrund seine Frau, das Geräusch ihrer Schritte, sie hat noch nicht geöffnet. Ohne sein Einverständnis wird sie niemanden hereinlassen.

„Es war ein langer Weg gewesen, doch endlich hatte der kleine Frosch es geschafft. Er schloss die Augen und nahm nichts mehr wahr als den wundervollen Duft der Rose. Er bemerkte nicht den schwarzen Schatten einer Amsel, der sich über ihn senkte, für ihn gab es nichts anderes mehr auf der Welt. Der kleine Frosch war glücklich.“

Lautlos klappt er das Buch zu und erhebt sich vom Boden. Sie ist schuld, sie ganz allein, und sie weiß es. Die Figur liegt schwer in seiner Hand, Lakshmi, die Göttin mit den gütigen Augen, Beschützerin der

Ehefrauen. Ein bösartiges Lächeln gleitet über sein Gesicht, ganz kurz nur.

Das Klopfen an der Tür hat aufgehört. Ein letztes Mal streckt er die Hand aus, berührt die Wange seines toten Sohnes, dann geht er langsam hinüber ins Wohnzimmer.

Bali, die Insel der Götter. Es ist Zeit.

Blick in den Spiegel

An einem Samstag kam er ins Haus; Mama stellte ihn stolz schnaufend neben den Schulbüchern ab. Rosa, natürlich, rosa hatte er sein müssen, genau wie das Fahrrad und die Nachttischlampe, bei Mama war das schon beinahe eine Krankheit.

Viola beugte sich über den flachen Kasten, der da wie ein bissiges Tier auf ihrem Schreibtisch lauerte. „Und du meinst, ich komme damit zurecht?“, fragte sie lahm.

„Was du immer hast.“ Mama schüttelte tadelnd den Kopf und ging im Zimmer auf und ab. Sie wirkte fast ein wenig beleidigt. „Natürlich kannst du das. Alle Jugendlichen haben so ein Ding heutzutage. Weshalb traust du dir bloß nie etwas zu?“

Viola nickte nur. Wenn Mama gesprochen hatte, gab es keinen Zweifel, Mama wusste immer, was am besten für ihr Küken war, sie war die Übermutter schlechthin, die schon im Kindergarten den bösen Buben mit der Sandschaufel nachgegangen war, die ihr zartes Töchterlein zu schubsen wagten. Veronika Schwindtner, eine mollige Dame von einhundertachtundfünfzig Zentimetern, über deren großblumige Röcke die ganze Oberstufe lachte, Mama Schwindtner, der Schreck aller Lehrer schon seit der Grundschule.

Viola wartete, bis ihre Mutter verschwunden war, dann klappte sie den Deckel des kleinen Laptops auf. Langsam ließ sie ihre Finger über die glatte Oberfläche gleiten. Sie hasste diese Farbe. Irgendwann würde sie ihrer Mutter sagen müssen, wie entwürdigend dieses ganze Spektakel sich anfühlte. Sie hatte von Leuten gelesen, die immer alle Probleme in sich hineinfraßen, irgendwann drehten sie durch und liefen Amok. Sie lächelte über die Vorstellung und warf einen Blick auf ihre zerkratzten Unterarme. Sie war nicht der Typ, der es an anderen ausließ.

Später konnte sie nicht mehr verstehen, weshalb sie so lange gezögert hatte. Bereits mit dem ersten Einschalten eröffnete sich eine vollkommen andere Welt. Von nun an saß Viola stundenlang im Schneidersitz auf ihrem alten Bürostuhl und betrachtete mit staunenden Augen, was auf dem kleinen Bildschirm vor sich ging. Das Internet entpuppte sich als unendlich weite Ebene, mit jedem Klick betrat sie ein neues, aufregendes Land, und schon nach kurzer Zeit wusste Viola, wie sie ihre Schritte lenken musste. Manche der Gegenden, in die sie einbrach, machten ihr Angst oder ließen ein schales Gefühl der Fremdheit in ihr aufkommen, doch nichts reichte an die Schrecken der Realität heran, an die Gewissheit, anders zu sein, die sie sich niemals richtig erklären konnte.

Am Dienstagmorgen erfolgte das tägliche Ritual der Menschwerdung, wie sie ihre Erkundungsgänge vor dem ovalen Badezimmerspiegel nannte. Sie streifte den Schlafanzug von ihrem Körper und betrachtete sich minutenlang. Das Ergebnis war immer das gleiche. Viola wusste nicht, was sie glauben sollte. Der Vater hatte von verzögerter Reife gesprochen, ein einziges Mal, bevor er sie und Mama verlassen hatte. Sie hatte damals gehofft, er könne der Gesprächspartner sein, den sie in ihrer Mutter nicht fand, aber es war wohl zu viel für ihn gewesen. Wer hatte schon gern ein Monster zur Tochter? Verbittert griff sie nach dem Oberteil und knallte es gegen die Wand, wo es mit einem schleifenden Geräusch zu Boden rutschte.

„Du darfst nicht glauben, es hätte was mit dir zu tun", hatte Mama ihr ins Ohr geflüstert, nachdem der Vater seine letzten Umzugskartons geholt hatte.
Das glaubte sie auch nicht, sie wusste es. Warum hätte er sich sonst nicht wieder melden sollen? Oh ja, da war eine Weihnachtskarte gewesen, mit fünfzig Euro drin. Im Grunde sollte sie dankbar sein.
Im Unterricht legte sie wie meistens den Kopf auf die Arme und betrachtete die anderen in der Klasse, die wie eine eingeschworene Gruppe aufeinander hockten. Sie hatte inzwischen nicht nur den Tisch für sich allein, sondern die ganze letzte Reihe. Niemand störte sich daran, wenn sie mit dem Bleistift Gesichter in ihr Heft zeichnete anstatt zuzuhören. In den Pausen verließ sie gleich nach dem Läuten den Klassenraum und schloss sich in einer der Toilettenkabinen ein. Alle wussten, dass etwas nicht stimmte, wahrscheinlich dachten sie, sie hätte ein Drogenproblem. Gefragt hatte sie deswegen niemand.
Selbst auf dem Pausenhof konnte sie es spüren, die anderen zogen einen unsichtbaren Bogen um sie, gingen wie selbstverständlich in die andere Richtung, ohne ihre Unterhaltung zu unterbrechen. Viola setzte sich unter einen Baum und betrachtete ihre Schuhe. Wartete. Wie jeden Tag, ihr ganzes verfluchtes Leben, so zumindest kam es ihr vor.

Nach der Schule kehrte sie in ihr Zimmer zurück, zu Gabi und Rosenrot und dem griesgrämigen Beutelwolf. Sie selbst nannte sich Simon. Sie hatte nicht über diesen Namen nachgedacht, es war ganz selbstverständlich gewesen, dass sie so hieß. Viola warf ihre Schultasche aufs Bett und setzte sich vor den Laptop, wartete, bis die Startseite in den vertrauten Farben aufflammte. Hier, in dieser seltsamen neuen Welt, wo Fremde zu Freunden wurden, und man auf alle schützenden Hüllen verzichten konnte, erlebte sie zum ersten Mal ein Gefühl von Geborgenheit. Das Forum war zu ihrem Zuhause geworden, einem Ort, an dem sie verstanden wurde, ohne konkret werden zu müssen. Hier wollte niemand den Grund dafür erfahren, was sie so anders machte, hier traf sie auf Menschen, die ähnliche Wege gingen, und manchmal, irgendwo zwischen den immer wiederkehrenden Albträumen und einer neuen zerschlagenen Hoffnung, dachte sie, dass dieser Weg für sie bestimmt war. Irgendjemand schien ihr genau an dieser Stelle einen Platz freizuhalten.

Manchmal warf ihre Mutter einen Blick ins Zimmer oder sie schlich sich unter dem Vorwand hinein, einen Teller wegräumen zu wollen. Sie sagte nie ein Wort, lächelte nur zufrieden, strich ihr im Vorbeigehen leicht über den Kopf, wie man es bei kleinen Kindern tut.

Viola hätte gern einmal mit Mama gesprochen wie unter Erwachsenen, aber das war nicht möglich. Sie kannte die Linien genau, innerhalb derer sie sich bewegen durfte, war ausgebildet wie ein Berufssoldat. Eine Wohnung voller unsichtbarer Minenfelder, es bedurfte einiger Übung, sich darin gefahrlos zu bewegen. Vor allem durfte man keine Fragen stellen, Fragen gehörten überhaupt zu den explosivsten Dingen in ihrem Leben. Sie war Mamas Schätzchen, sie konnte sich erlauben, die Tulpen im Vorgarten zu köpfen, selbst die dritte Fünf in Mathe war für Mama längst kein Grund, an ihrer Tochter zu zweifeln. Wenn man es ertrug, in einer stillen Hölle aus rosa Bettwäsche und Häkelgardinen zu leben, konnte man ein recht bequemes Dasein genießen. Vorausgesetzt man stellte keine Fragen.

Ein einziges Mal hatte sie es gewagt, diese Grenze zu übertreten, hatte die seltsamen Gefühle erwähnt, die ihr oft solche Angst machten, und die kleine Narbe an der verbotenen Stelle, über die nicht geredet werden durfte. Mama hatte auf der Couch gesessen wie immer, nur dass sie entsetzlich blass ausgesehen hatte. Sie hatte begonnen, ein paar unsichtbare Krümel vom Wohnzimmertisch zu wischen, immer und immer wieder, und in ihren Augen war eine Leere erschienen, die Viola augenblicklich verstummen ließ. Diese Erfahrung war so erschreckend

gewesen, dass sie nie wieder daran denken wollte. Damals hatte sie geglaubt, ihre Mutter sterben zu sehen.
Anfangs wunderte sie sich, dass Mama nichts dagegen einzuwenden hatte, wenn sie sich stundenlang hinter der Mattscheibe versteckte, aber es machte die Sache auch einfacher.
„Das tut dir gut“, meinte Mama, und Viola sah, dass es ihr ernst war. Sie hatte sich damit abgefunden, dass ihr Kind ein Außenseiter bleiben würde. Es störte sie nicht, ihr Kind war ohnehin besser, schöner und intelligenter als die Kinder anderer Eltern. Es war eben ihre Art, ihrer Tochter ein wenig Freiraum zu schaffen.

Mit Gabi war es nichts geworden, sie hatten sich zweimal verabredet, draußen bei den Hochhäusern, und beide Male hatte Viola einen Rückzieher gemacht. Danach hatte sie nichts mehr von ihr gehört. Ein paar Tage lang durchforstete sie die Zeitungen nach einer Meldung, aber es gab keinen Hinweis, und sie kannte ja nicht einmal ihren richtigen Namen.
Ohne Gabi wurde es leer im Netz, auch die ständigen Diskussionen über Gesetze konnten sie nicht bei der Stange halten. Sie hatte geglaubt, jemanden gefunden

zu haben, der ein Stück des Weges mit ihr zu gehen bereit war. Nun war sie wieder allein.

Jeden Tag saß Viola in ihrem Zimmer, starrte die Wände an und wartete auf eine Veränderung. Morgens trat sie wie üblich vor den Spiegel und betrachtete ihren flachen taillenlosen Körper, tastete zwischen ihren Beinen nach Blut, das nicht kommen wollte, obwohl sie im Grunde nicht mehr daran glaubte. In der Schule zog sie sich jetzt komplett zurück, und die Lehrer gaben ihre Bemühungen auch auf. Wer wollte schon mit so einer etwas zu tun haben?

Wenn sie nach Hause kam, saß Mama im Sessel, das Strickzeug auf dem Schoß und lächelte. Manchmal dachte Viola, dass es dieses Lächeln war, das sie nach und nach ersticken ließ, aber im nächsten Moment verurteilte sie sich für diesen Gedanken. Dann ging sie zurück in das schmale Zimmer, ließ die Jalousien herunter und legte sich angezogen ins Bett, versuchte, ihren Körper nicht zu spüren und konnte ihn doch nicht verleugnen. Mit jedem Atemzug machte er sich bemerkbar.

Irgendwann schaltete sie den Laptop doch wieder ein und machte sich auf in ihr Forum, das seit Gabis Verschwinden nicht mehr ihr gehörte. Ein neuer User hatte sich vor drei Tagen angemeldet. Sie nannte sich

Cosima und sagte, sie sei fünfzehn. Vom ersten Moment an spürte Viola, dass sie die Richtige war. Cosima war nicht wie die anderen, sie diskutierte nicht über irgendwelche Bestimmungen, sie stellte auch keine Fragen zu den gängigsten Medikamenten. „Ich suche einen Partner“, las Viola die blauleuchtende Schrift. „Einen, der mich begleiten möchte. Alleine schaffe ich es nicht.“

Mama putzte trällernd die Fenster, als Viola die Wohnung verließ. Sie hörte die Radiomusik, und dachte, dass sie sich verabschieden sollte, aber sie tat es nicht. Unterwegs begegnete sie den Bäumen ihres Viertels, und es waren andere Bäume, die Straße schien ihr fremd, breiter als sonst und viel zu hell. Das Hundegebell von gegenüber, das sie immer so erschreckt hatte, klang gedämpft und unwirklich zu ihr herüber. Der Weg war weit, sie musste zweimal umsteigen, und die ganze Zeit wurde sie von einer seltsamen Ruhe getragen. In der Straßenbahn trat ihr ein Mann kräftig auf den Fuß, sie sah seinen Lackschuh auf ihrem, aber sie spürte keinerlei Schmerzen. Nicht einmal das Gedränge, der Geruch nach Schweiß und altem Fett in der Unterführung drangen noch zu ihr durch.

Cosima wartete an der Auffahrt, sie sah nicht aus wie fünfzehn.
„Du bist auch schon angekommen", stellte sie fest, als sie in Violas Augen blickte.
Viola drückte die Hand des schwarzhaarigen Mädchens und ließ sie nicht mehr los. Zum ersten Mal gab es kein Fenster, das sie trennte. Sie glaubte in einen Spiegel zu schauen.
„Willst du darüber reden?" fragte sie leise. Die andere, deren echten Namen sie nicht kannte, schüttelte den Kopf.
Cosima besaß einen Schlüssel, woher, das hatte sie nicht gesagt, in diesen Momenten war es nicht mehr wichtig. Die Treppen schienen kein Ende zu nehmen, irgendwo im achten Stock schloss sie eine Wohnungstür auf. Viola verschwendete keinen Blick auf die Einrichtung, sie war fast am Ziel, niemand würde sie zurückhalten. Als sie vom Balkon in die Tiefe schaute, bekam sie Angst.
„Es wird nicht schwer sein", flüsterte das Mädchen an ihrer Seite. „Es ist nur ein Schritt."
Sie stieg hoch und hob ein Bein über die Brüstung. Über Violas Wangen rannen Tränen.

Simon saß vor dem Bildschirm und strich sich zum wiederholten Male über den zarten Flaum, der sich seit einer Woche auf seinen Wangen auszubreiten schien. Vier Jahre waren vergangen, auf den Tag genau, seit jenem Treffen auf einem zugigen Balkon. Er dachte an Cosima, die in Wirklichkeit Irene geheißen hatte. Sie hatte ihren Vorsatz vier Wochen später in die Tat umgesetzt, mit Tabletten. Er hatte das Verstehen in ihren Augen gelesen, aber für sie war diese Erkenntnis zu spät gekommen. Sie hatte einfach keine Kraft mehr zum Kämpfen gehabt.

Zuerst hatte er Mama die ganze Schuld gegeben. Er erinnerte sich an den Schmerz, als die Frauenärztin ihm die Bilder auf dem Ultraschallmonitor gezeigt hatte.

„So etwas habe ich bisher noch nie gesehen", hatte sie gesagt und ihn ängstlich angeschaut. „Und die ganzen Jahre haben Ihre Eltern Ihnen nichts erzählt?"

„Was nicht erzählt?" Er war von der Liege heruntergerutscht und beinahe auf dem Fußboden ausgeglitten.

„Sie sind wohl das, was man eine XY-Frau nennt", sagte die Ärztin, als er sich wieder angezogen hatte, und auf ihrer Stirn stand eine senkrechte Sorgenfalte. „Die Natur hat Sie als Mann angelegt, aber Ihr Körper hat auf die Hormone nicht reagiert. Deswegen auch die fehlende Entwicklung. Sie besitzen keinerlei weibliche Organe, und das was Sie für eine Scheide halten, ist eine blinde Öffnung, keine drei Zentimeter tief."

Er hatte versucht, flacher zu atmen, als könne das ihre Worte ungeschehen machen. Die Zimmerwände begannen, Wellen zu schlagen, in seinen Ohren rauschte ein fremdartiger Ozean.

„Meine Eltern haben es gewusst?" fragte er kraftlos.

Die Ärztin kam langsam um den Schreibtisch herum. „Sicher", sagte sie leise. Dann legte sie ihm einen Arm um die Schultern.

Später dachte er, dass ihm die Tränen überhaupt nicht peinlich gewesen waren. Sie hatten beide das Richtige getan in diesen Minuten, die Ärztin hatte ihn gehalten, und er hatte es zugelassen.

Trotz dieser Diagnose hatte für Simon an diesem Tag zum ersten Mal die Sonne geschienen. Er war kein Monster, er war ein Mensch, weder Mann noch Frau, aber dennoch ganz normal. Es gab eine Erklärung für all die Absonderlichkeiten, es gab einen Namen dafür. Und was im Grunde das Wichtigste war: es gab andere so wie ihn.

Er schaltete das Netz ein und der Bildschirm färbte sich himmelblau. Simon lächelte. Er erinnerte sich daran, wie seine Mutter geweint hatte, als er zuhause die rosaroten Sachen aus dem Schrank gerissen hatte.

Sechzehn Jahre lang hatte sie versucht, die schreckliche Wahrheit von ihrem Kind fernzuhalten, sie hatte geglaubt, das Beste zu tun.
Er hatte ihr erklärt, er werde eine Entscheidung treffen. Eigentlich hatte er das bereits in dem Moment getan, als er sich mit seinem wirklichen Namen im Suizid-Forum angemeldet hatte. Er war immer Simon gewesen, und ein Teil von ihm hatte das auch gewusst. Ob er jemals eine Operation über sich ergehen lassen würde, die ihm das zurückgab, was ihm die Ärzte kurz nach der Geburt genommen hatten, wusste er nicht, aber eine Viola gab es nicht mehr, wenn es sie denn je gegeben hatte.
Entspannt lehnte er sich zurück und betrachtete seine neue Homepage.

Herzlich Willkommen,
Du befindest dich auf der Seite der verlorenen Söhne und Töchter. Dieser Verein wurde im Gedenken an Irene Wagner gegründet und an all jene, die an ihrem Schicksal, an den Vorurteilen dieser Gesellschaft und an dem Schweigen ihrer Eltern und Ärzte zerbrochen sind.
Wenn du mehr über uns erfahren willst, hast du hier die Gelegenheit dazu. Mein Name ist Simon Schwindtner, und an dieser Stelle kannst du meine Geschichte lesen. Wenn du Fragen hast, kannst du mich über das Kontaktformular erreichen.

Jemand hatte eine Mail an ihn geschickt.

Hallo,
mein Name ist Bettina, und ich hoffe, dass du mir helfen kannst. Irgendetwas stimmt nicht mit mir. Ich weiß nicht, an wen ich mich sonst wenden soll, ich habe das Gefühl, dass meine Eltern mir etwas verheimlichen…

Simon legte den Kopf in die Hände und blinzelte hinaus in die aufgehende Sonne.

Er hatte seinen Weg gefunden.

Pias Wolke

Pia kam an einem stürmischen Februar-Nachmittag in das kleine Reihenhaus in der Goethestraße. Victor stand am Küchenfenster und beobachtete durch die Gardinen, wie der dunkelgrüne Kombi die Auffahrt hinauf rollte. Aus diesem Auto waren in den vergangenen Jahren schon mehrere Kinder gestiegen, die meisten von ihnen waren nur für kurze Zeit geblieben. Zu kurz, um wirklich dazuzugehören, doch immer lange genug, um mit ihrem Fortgehen eine Lücke zu hinterlassen.

Er betrachtete das dürre Wesen, das neben der Dame vom Jugendamt den Weg durch den Vorgarten entlang schritt. Sie wirkte sehr viel jünger als eine Siebenjährige, mit diesem blassen Gesicht, das Haar so kurz geschnitten, dass an manchen Stellen die Kopfhaut rosig durchschimmerte, große dunkle Augen, die ins Leere blickten. Wie eine Puppe, hatte er gedacht, wie eine große, lebende Puppe.

Anfangs störte sich Vic daran, dass sie bei jedem Geräusch zusammenfuhr, doch seine Mutter sagte, dass auch das eine Folge des Missbrauchs sei. Sie erklärte ihm auch, dass Pia schreckliche Angst vor Männern hatte, sogar vor Vic, obwohl der erst dreizehn war.

Er hatte sich immer eine kleine Schwester gewünscht. So eine, mit der man Blödsinn machen, die man ärgern und hin und wieder auch beschützen konnte. Pia entsprach nicht seiner Vorstellung von einer Schwester.

Mit Pias Auftauchen war es, als wäre ein Gespenst bei ihnen eingezogen und nicht ein kleines Mädchen. Man hörte sie nicht, und Vic dachte manchmal, wenn er sich ordentlich konzentrierte, würde er sie auch bald nicht mehr sehen können. Sie würde einfach verschwinden. Bei den Mahlzeiten saß sie am Tisch und aß, was man ihr vorsetzte, ohne jemals einen Wunsch zu äußern. Sie spuckte keinen Spinat auf den Teller und verschüttete niemals ihren Saft. Die ganze Zeit über bewegte sie sich so langsam und umsichtig, als erwarte sie, dass in den nächsten Minuten eine Katastrophe über sie hereinbrechen könnte, ein Erdbeben vielleicht. Ihr Kopf, auf dem das dunkelblonde Haar nur spärlich nachwuchs, zog sich, sobald man sie ansprach, ein Stück zwischen die Schultern zurück, wie bei einer Schildkröte.

Das größte Problem jedoch blieb, dass Pia nicht sprach. Sie reagierte kaum auf das äußere Geschehen und betrachtete einen stets nur mit diesem undeutbaren Blick.

„Vielleicht hat sie gar keine Stimmbänder“, sinnierte Vic, der in der Schule gerade die Funktionen des Kehlkopfes durchgenommen hatte, aber Mama meinte, Pia könne sicherlich sprechen, sie brauche nur Geduld und Liebe, ganz viel von beidem.

Und Vic beschloss, sein Möglichstes zu tun. Er hielt sich zurück, vermied es, Pia zu berühren, damit sie nicht noch mehr Angst bekam, und er malte ihr ein Bild mit vielen Tieren darauf.

Malen, das konnte Vic gut, und Pia schien das Bild auch wirklich zu gefallen. Sie schleppte es tagelang mit sich herum, bis es aussah wie ein gebrauchtes Stück Einwickelpapier. Ein paar Mal beobachtete er sie, wie sie in ihrem Zimmer saß, den Rücken an den Heizkörper gelehnt, und mit dem Finger die Konturen der Tiere nachfuhr, den Hund, die Giraffe, zum Schluss das Kaninchen. Das Kaninchen kam immer zum Schluss, und einmal glaubte Vic, dabei ein winziges Leuchten in ihren Augen zu sehen.

Die Dame vom Jugendamt kam zweimal im Monat vorbei und redete mit Mama über Pia, und beide

sahen sehr traurig aus, weil das Kind so gar keine Fortschritte machte.
„Was denkst du denn, womit wir Pia aufmuntern könnten?“ fragte Mama eines Abends beim Gute-Nacht-sagen. Vic fühlte sich nicht besonders wohl bei dieser Frage. Schließlich war Mama die Psychologin, und er hatte es bisher nie erlebt, dass sie nicht mehr weiter wusste. Er zuckte mit den Schultern und drehte sich der schützenden Wand zu.
Zu Papa hatte Pia überhaupt keine Beziehung. Papa war einfach nur da, ein Mitbewohner, den sie duldete, wenngleich nur am Rande wahrnahm. Sie vermied es, sich mit ihm allein in einem Raum aufzuhalten und sah ihm während der ganzen Zeit auch nicht einmal direkt in die Augen.
Dass Pia in der Tat über intakte Stimmbänder verfügte, erfuhren sie an einem Samstag. Es war ein warmer Tag, und Mama wollte nach dem Essen mit Pia auf den Spielplatz gehen, auf den kleinen am Friedhof, wo meistens nicht so viele Kinder auftauchten.
Zum Mittagessen gab es Spaghetti, und Pia löffelte wie immer still vor sich hin. Papa, der am Kopfende des Tisches saß, stand auf und ging zum Kühlschrank.
„Heute trink ich mal ein Bier zum Essen“, sagte er gut gelaunt und stellte eine Flasche Bitburger auf den

Tisch. Und plötzlich wusste Vic, dass etwas falsch lief. Er sah, wie sich Pias Augen unnatürlich weiteten, wie ihre Halsmuskeln als harte Stränge hervortraten, dann begann sie zu schreien. Es war ein schriller, heulender Ton, der nichts Kindliches an sich hatte, und ihm eine Gänsehaut auf die Arme trieb. Mama sprang erschrocken auf, aber da war Pia schon von ihrem Stuhl herunter gefallen. Der Teller mit den Nudeln, den sie mit dem Ellbogen erwischt hatte, flog durch die halbe Küche, und Papa stand ebenfalls auf, aber er ging nicht zu dem immer noch kreischenden Kind hin, sondern packte seinen Sohn am Handgelenk und nahm ihn mit nach draußen. Vic sah gerade noch, wie Mama ihre Arme um diesen kleinen Menschen legte, der sich da wie ein verwundetes Tier auf dem Boden krümmte, dann spürte er die kräftige Hand seines Vaters, die ihn von der Tür wegzog.

„Es war die Bierflasche", sagte Mama später. „Sie muss irgendeine Erinnerung in ihr wachgerufen haben."

An diesem Tag blieb Pia auf ihrem Zimmer und ging nicht auf den Spielplatz. Sie saß überhaupt die meiste Zeit zu Hause. Eine Einschulung war undenkbar, und auch der Kindergarten kam für Pia nicht in Frage. Mama meinte, sie bräuchte mehr Kontakte, aber die Dame vom Jugendamt hielt das für riskant. Deshalb versuchte Mama, ihr selbst etwas beizubringen. Sie kaufte farbige Würfel und Karten, auf denen Zahlen abgebildet waren. Sie zeigte ihr Bilder von Menschen, Bäumen und Blumen, aber Pia stand nur steif daneben und schaute sie aus diesen seltsamen dunklen Augen an.

An einem Mittwoch kurz vor Ostern saß Vic am Schreibtisch und plagte sich mit lateinischen Verben herum, als Pia plötzlich hinter ihm auftauchte. Sie stand da und hielt das Bild in der Hand, das inzwischen vollkommen zerknittert war. Sie kam auch nicht näher, aber er war trotzdem erstaunt. Pia hatte sein Zimmer noch nie zuvor betreten.

„Was ist denn?", fragte er sie, möglichst leise, denn seit jenem Spaghetti-Samstag fürchtete er ständig, ein solcher Ausraster könne sich wiederholen.

Pia hielt ihm das Bild entgegen, ihr Zeigefinger deutete auf das Kaninchen.

„Ja, das habe ich dir gemalt", erklärte Vic unsicher. Er wollte nichts Falsches sagen. Jetzt glaubte er, eine leichte Ungeduld in ihren Augen zu erkennen, der kleine Zeigefinger klopfte fester auf das Papier, auf das weiße Kaninchen am Rand des Bildes. Langsam begann er zu verstehen.

„Du willst, dass ich dir ein Neues male?"

Der Finger klopfte fester.

„Ein neues Bild, mit einem Kaninchen? Nur ein Kaninchen?“
Sie nickte nicht einmal, sie drehte sich einfach um und verschwand. Vic merkte, dass er vor Aufregung feuchte Hände bekommen hatte. Mit dem Arm wischte er das Lateinbuch vom Schreibtisch und fing an zu zeichnen.

Das Bild wurde wunderschön. Richtig lebensecht, sagte Mama später, als sie zufällig einen Blick darauf werfen konnte, nachdem Pia eingeschlafen war. Sie hatte es den ganzen Tag nicht mehr aus der Hand gelegt. Vic war glücklich.
„Wenn ich ihr doch nur helfen könnte, aus ihrem Schneckenhaus herauszukommen“, sagte seine Mutter. Sie sah alt aus in diesem Moment, alt und unendlich müde.
Vic dachte einen Augenblick lang nach. „Mama?“, fragte er leise. „Glaubst du, sie möchte ein echtes Tier haben?“
Seine Mutter gab keine Antwort, aber sie nahm ihn in den Arm und drückte ihn fest an sich. Und sie lächelte.

Zu Ostern kam die Wolke ins Haus. Vic hatte den Namen aussuchen dürfen, und er passte wirklich gut. Das Tier sah aus wie eine kleine weiße Wolke, aus der

ein paar lange Öhrchen herausragten wie zwei Antennen. Das Fell bauschte sich nach allen Seiten, und die winzige rosa Nase war ständig in Bewegung.
Schweren Herzens hatte er Mama versprochen, das Kaninchen nicht anzufassen oder auf den Arm zu nehmen, solange es so neu war. Gemeinsam trugen sie den Käfig ins Kinderzimmer. Pia sollte das Gefühl bekommen, dass die Wolke nur ihr gehörte.
Mama sorgte für Futter und Wasser und reinigte den Käfig, aber Pia saß stundenlang davor und beobachtete jede Bewegung genau. Ein paar Tage später sah Vic, wie sie vorsichtig ihre Finger durch die Gitterstäbe schob und das weiche Fell berührte.
Mama beschloss, dass bei aller Rücksicht auf Pias Ängste das Tier nicht leiden durfte, und so bekam das Kaninchen seinen ersten beaufsichtigten Auslauf im Treppenhaus. Mit wehenden Ohren flog es die Stufen hinauf und hinunter, vollführte wahre Freudensprünge im Wohnzimmer, musste vom Tisch gescheucht werden, weil es Mamas Tulpen anknabbern wollte, und Pia stand mit hängenden Armen und riesigen Augen dabei.
Es dauerte eine Dreiviertelstunde, bis sie das Tier wieder eingefangen hatten, aber das machte nichts; für Vic war es ein einmaliges Ereignis gewesen, an das er sich auch später noch gerne erinnerte. Von nun an durfte die Wolke täglich ihr Unwesen im Wohn-

zimmer treiben, auch wenn die Beseitigung ihrer Hinterlassenschaften einige Arbeit bereitete. Vic lernte, dass man die braunen Köttel am besten auf dem Teppich erkennen konnte, wenn man sich dazu flach auf den Boden legte, er erfuhr, dass ein im Dunkeln fluoreszierender Fleck auf hellem Laminat, der bei Licht nicht mehr zu sehen war, von eingetrockneter Kaninchenpisse stammen konnte, und er sah Pia lächeln. Sie stand in der Terrassentür, die Sonne im Rücken, und ihre Haare waren inzwischen als feine Locken nachgewachsen, die sich bis über die Ohren ringelten. Sie war nur eine Silhouette im prallen Licht der Mittagssonne, aber er war sich ganz sicher, ein Lächeln auf ihrem Gesicht gesehen zu haben.

Pia reichte dem Kaninchen niemals ein Stück Apfel oder etwas von dem Möhrenkraut, sie saß nur vor dem Käfig, den Rücken gegen den Heizkörper gelehnt, und ab und zu schob sie einen Finger durch die Gitterstäbe und berührte das seidige Fell.

Eines Tages erwachte Vic schweißgebadet und mit dem sicheren Gefühl, dass etwas passiert war, dann hörte er ihn, den Schrei. Es war derselbe wie an jenem Samstag, als Papa die Flasche Bitburger auf den Tisch gestellt hatte. Der Schrei kam von unten.

Im Schlafanzug rannte er die Treppe hinunter ins Wohnzimmer. Mama hielt Pia fest im Arm und versuchte, sie zu beruhigen, sein Vater kam ihm aus der Küche entgegen, er sah seltsam blass aus.
Irgendjemand hatte vergessen, den Riegel vor die Käfigtür zu schieben, und die Wolke hatte ihre Chance genutzt und sich leise hinunter gestohlen. Ihr Nagetrieb war ihr zum Verhängnis geworden. Vic spürte einen Kloß im Magen, als er das tote Kaninchen sah, das mit unnatürlich aufgestellten Haaren neben dem zerbissenen Fernsehkabel lag. Jetzt sah es nicht mehr niedlich aus. Der Tod war ein eiliger Geselle, er hatte keine Zeit für Ästhetik.
Es dauerte sehr lange, bis Pia sich einigermaßen beruhigt hatte. Sie setzte sich neben der toten Wolke auf den Boden und strich vorsichtig mit den Fingern über das weiße Fell. Lange Zeit blieb sie so sitzen, dann tropften ein paar Tränen von ihren Wimpern und versickerten sofort in den Fasern des Teppichs.

Als Vic an diesem Tag aus der Schule kam, war der Arzt da. Pia hatte nach dem Mittagessen Fieber bekommen, so hoch, dass sie in ein Krankenhaus gebracht werden musste. Mit glasigen Augen lag sie in den Armen seiner Mutter, die sie, in eine Decke gewickelt, zum Rettungswagen trug.

Die Ärzte wussten nicht genau, was Pia fehlte, eine Hirnhautentzündung war es nicht, aber das Fieber war trotz der medizinischen Maßnahmen immer höher gestiegen.

Auf der Beerdigung erschienen nicht viele Leute, ein paar Nachbarn und natürlich die Dame vom Jugendamt. Später sprachen sie noch lange über Pia, und Vic saß schweigend daneben. Er dachte an die Wolke, und ob die beiden wohl jetzt zusammen wären. Eigentlich war er sich sicher.

„Vielleicht war es besser so“, sagte die Dame und nippte an ihrem Cappuccino. „Vielleicht kann ein Mensch nur eine gewisse Menge an Leid verkraften, bevor seine Seele zugrunde geht. Vielleicht hätte ihr sowieso niemand mehr helfen können.“

Vic sah seine Mutter nicken, und er dachte an Pia, die ihr totes Kaninchen gestreichelt hatte. An die Tränen auf ihren Wangen. Und plötzlich wusste er, dass sie sich irrten. Er hatte das Leben in Pia gespürt. Es war nicht stark gewesen, aber eindeutig Leben, eine winzige schwache Flamme.

Nur der Wind hatte zu stark geblasen.

C wie Chrysantheme

Der erste Eindruck war erschreckend. Wie eine kitschige Ansammlung seltsamer Souvenirs standen die weißen Blockhäuschen mitten in der Landschaft herum. Doch bevor Sandra Zeit hatte, sich Gedanken zu machen, näherte sich ein breitschultriges Mädchen von etwa siebzehn Jahren.

„Willkommen im Bunker“, erklärte die andere fröhlich. Als sie den Mund aufriss, bemerkte Sandra, dass die beiden vorderen Zähne fehlten. Sie betrachtete die Adlertätowierung auf dem Unterarm der anderen, die fettigen langen Haare, die wie zum Auswringen zusammengezwirbelt in ihrem Kragen steckten, und holte in Gedanken ganz tief Luft. Es gab kein Problem, hatte Thomas Greiner gesagt, wenn sie bereit war, Hilfe anzunehmen, gab es keins. Sandra brauchte keine Lupe, sie brauchte sich nur ganz kurz auf dem plattgetretenen Rasen umzusehen, und sie wusste, dass er sie belogen hatte. Jeder

Grashalm schien von Problemen zu wimmeln. Aber sie würde sich nichts gefallen lassen. Sie nicht.
„Ich bin übrigens Cris“, fuhr die Tätowierte fort. „Du kommst in Block C, zu mir und Sabinchen. Thommy hat gesagt, ich soll dir mit deinen Sachen helfen.“
Sandra konnte nicht behaupten, dass sie sich vor Rührung in die Hose machte, aber immerhin schnappte sich Cris eine ihrer Sporttaschen, sodass sie keinen akuten Zusammenbruch mehr befürchten musste.

„Die Leute aus dem Dorf werden nicht allzu begeistert sein, uns hier zu haben“, vermutete Sandra, als sie später am Tisch saß und ihr Apfelmus in sich hineinlöffelte, und Sabine, diese untererernährte Wilde, fing sofort hysterisch an zu lachen.
„Ganze Wäschekörbe von Leserbriefen hat es gehagelt“, sagte sie zwischen zwei Bissen labberiger Kartoffel-Pfannkuchen. „Wird dich aber kaum betreffen, weil wir sowieso keinen Ausgang haben. Jedenfalls die ersten drei Monate nicht.“ Dann kaute sie hektisch weiter, als wollte ihr jemand was wegnehmen.
Sandra klatschte den Löffel auf die Tischplatte, wo er wie ein modernes Kunstwerk kleben blieb, und verdrehte schmerzhaft die Augen. Da hatten sie ihr ja

eine feine Gesellschaft rausgesucht, um ihr Leben zu überdenken. Prost Mahlzeit!

In der ersten Zeit ging ihr so ziemlich alles auf die Nerven. Irgendein Witzbold hatte die Idee gehabt, die Türschilder selbst zu gestalten, und Thommy griff diesen Vorschlag mit Begeisterung auf. Irgendwann nach dem Frühstück erklärte er mit leuchtenden Augen, dass sich die Buchstaben A bis D doch ganz prima in Blumennamen umwandeln ließen, und Sandra hatte die Ehre, eine überdimensionale Chrysantheme an die Haustür zu pinseln.
Die Tage im Bunker dehnten sich wie ausgeleierte Gummibänder; wenn man fünf affige Unterrichtsstunden abgerissen hatte, folgten am Nachmittag regelmäßige Gruppen- oder Einzelsitzungen, unterbrochen von den kleinen und großen Freuden, die sich wöchentlich vom Putzplan ablesen ließen. Mit dem Klo hatte Cris anfangs die größten Probleme, oder vielleicht das Klo mit ihr, auf jeden Fall weigerte sie sich tagelang, mit dem Putzlappen dran zu gehen.
„Dann muss ich leider die Zigaretten für heute streichen“, sagte Thommy, als das Thema auf den Tisch kam. „Für alle natürlich. Ihr seid eine Gruppe. Ihr seid für einander verantwortlich.“ Er lehnte sich in seinem Stuhl zurück und schloss provokant die Augen. Natürlich ging sofort das große Theater los.

Zigaretten waren heilig, gerade hier, wo sie wie Kaffee und Süßigkeiten streng rationiert wurden.
Das ist scheiß-unfair, weißt du das?“, brüllte Sabine, und ihre dünnen Finger mit den runtergekauten Nägeln zitterten allein bei dem Gedanken.
„Ist nicht meine Schuld“, sagte Thommy, ohne die Stimme zu heben. „Das müsst ihr unter euch ausmachen.“
„Du Schickse, dir stell ich den Saft ab!“ Sabine war aufgesprungen, aber bevor sie Cris am Kragen zu fassen bekam, hatte sich Thommys große rosa Hand bereits um ihren Unterarm geschlossen.
„Ihr müsst einfach akzeptieren, dass euer Verhalten Konsequenzen hat“, sagte er leise und setzte sich wieder hin. „Es liegt ganz bei euch, wie angenehm eure Zeit hier sein wird.“ Er lächelte sein gemütliches Lächeln, wie ein schläfriges Walross, und betrachtete seine Schäfchen. Cris sagte gar nichts. Aber am nächsten Tag fing auch sie an zu putzen.

Ein paar Tage später kam Fiona.
„Ich hab euch doch gesagt, dass ihr noch Zuwachs bekommt“, erklärte Thommy und schob dieses seltsam bleiche Mädchen vor sich her. Wie eine vertrocknete Pflanze stand sie neben dem rotwangigen Thomas Greiner und blickte stumm zu Boden. Sabine räumte missmutig das vierte Bett frei, auf dem

sie bisher immer ihr Waschzeug verstaut hatten, und verzog sich schmollend in eine Ecke.
Cris machte sich gleich an die Neue ran. „Und, was führt uns in dieses schmucke Anwesen?“, fragte sie mit einem scheinheiligen Augenaufschlag.
Sandra hatte einen Kloß im Hals. Sie wollte keinen Krach mehr an diesem Abend, und betete, dass die Neue nicht die falsche Antwort geben würde. Cris war in diesen Dingen unberechenbar. Doch bevor Fiona sich äußern konnte, ergriff Thommy das Wort. „Fiona und ich haben ein Abkommen miteinander getroffen. Sie hat mir versprochen, es hier zu versuchen, und ich habe ihr im Gegenzug gewährt, den Zeitpunkt selbst zu bestimmen, an dem sie über ihre Vergangenheit sprechen möchte. Und jetzt zieht euch mal um, die Damen. In zehn Minuten geht es in die Falle.“
An diesem Abend passierte nichts mehr, und auch die folgenden Tage brachten wenig Überraschendes mit sich. Fiona blieb verschlossen; wenn sie überhaupt den Mund aufmachte, dann sprach sie so leise, dass man kaum ein Wort verstand. Es war noch nicht richtig Sommer, und der Frühsport mutierte öfters zur Gewaltprobe, dennoch schaffte Sandra bald die angesetzten fünfhundert Meter ohne Pause. Selbst bei Regen wurde gelaufen, nach einer kurzen Aufwärmphase, ein paar Mal rund um die Häuser, die

mitten in der Heide abgestellt, an ausgespuckte Fremdkörper erinnerten. Sie trat in Pfützen und stolperte über die einzige Baumwurzel auf dem ganzen Gelände, aber sie hielt sich tapfer. Fiona machte nur bei der Gymnastik mit, sie brauchte nicht zu laufen.

„Sie kommt gerade erst aus einer Klinik zurück“, erklärte Thommy, und damit war für ihn der Fall erledigt.

Sandra wienerte jeden Tag die Böden, obwohl sie sich geschworen hatte, es nicht zu tun, und Sabine versuchte, mit Brot, Zucker und Apfelschnitzen heimlich eine Bowle anzusetzen. Cris hatte sich während der Mathestunde mit einer aus dem Azaleenhaus angelegt und den Kürzeren gezogen, jetzt lief sie mit einem enormen Blinker herum und war ständig schlecht gelaunt.

„Die Gute hat mal eine Gang geführt“, erklärte Sabine mit einem schiefen Grinsen. „Behauptet sie jedenfalls. Hat an Heiligabend ihre Stiefmutter zusammengedroschen. Jetzt will sie zu Hause keiner mehr haben.“

Sandra zog die Schultern hoch, solche Zustände kannte sie nur aus Erzählungen. Sie hatte gestohlen, eine ganze Menge Zeug zusammengeklaut, seit der Scheidung ihrer Eltern war das zu einem richtigen Zwang geworden, aber Gewalt hatte sie immer verabscheut. Jetzt saß sie hier mit ein paar wahnsinnigen Kriminellen und schrubbte fremde Fußböden. „Und du?“ fragte sie leise.

„Zu viele Granaten“, seufzte Sabine und trommelte mit dem Bleistift einen eintönigen Rhythmus auf ihrem Nachttisch. „Erst Acid, später die härteren Sachen, Remis nicht zu vergessen. Kommt verdammt gut, das Zeug.“

„Deshalb bist du hier?“

„Wenn du auf Droge bist, machst du alles“, entgegnete Sabine mit tonloser Stimme, und Sandra wagte nicht nachzufragen, was dieses *alles* wohl beinhaltete. Dann kam Fiona herein.

„Wo wir gerade den Tag der großen Geständnisse haben“, sagte Sandra, nur um ein Gespräch zu beginnen. „Wem hast du den Schädel eingeschlagen?“ Sie hatte mit einem Lächeln gerechnet, doch stattdessen riss Fiona erschrocken die Augen auf und verließ fluchtartig das Zimmer. Weit kam sie jedoch nicht. Einen Moment später kam Cris herein gewalzt, die Neue untergehakt wie eine gute Freundin.

„Schaut mal, wer mir hier in die Arme gelaufen ist. Unser einsames Känguru. Und wollt ihr mal sehen, was das Känguru heute in seinem Beutel versteckt hat?“ Unsanft packte sie Fiona um die Taille, dass diese automatisch nach Luft zu schnappen begann, dann griff sie ihr mit geübtem Griff in die Jackentasche und zog ein zerknittertes Päckchen

Gauloises hervor. „Haben sie dich nicht standesgemäß durchsucht, was?“ fragte Cris mit zuckersüßer Stimme. „Papas Liebling braucht ja auch nicht joggen zu gehen, wenn es morgens noch so kalt ist. Und bei den Gruppensitzungen kriegt sie ihr Maul auch nicht auf. Ich sag dir was, Gutemiene. Hier ziehen andere Seiten auf, oder du wirst dich noch nach dem Bau sehnen. Was sagen die anderen? Keine Meinung dazu?“

„Krieg dich ein, Cris“, grunzte Sabine. „Ein Veilchen reicht dir wohl nicht.“

Sandra sagte gar nichts. Sie hatte es nie ertragen, wenn es irgendwo Streit gab, nicht bei ihren Eltern, nicht in der Schule. Es war ihr scheißegal, wer recht hatte, aber sie sollten endlich aufhören.

„Lass sie los, sie wird schon ihre Gründe haben“, startete sie einen kläglichen Versuch, die Sache zu beenden, doch Cris war eben erst in Fahrt gekommen. Sie ließ Fiona einfach stehen und trat nun nahe an Sandra heran, so nahe, dass die ihren Atem riechen konnte.

„Merk dir eins, Blumenkind“, sagte Cris und hauchte ihr eine Knoblauchfahne ins Gesicht. „Nicht mit mir. Du bist mir echt sympathisch, aber das könnte sich schnell ändern. Also halt deine Fresse und misch dich nicht in meine Geschäfte.“

Sandra nickte. Sie würde ihre Zeit hier abreißen, mehr war nicht drin. Aber sie würde den Teufel tun und sich zusätzliche Probleme aufhalsen.

Fionas letzte Zigaretten hatten die Runde gemacht, sie selbst blieb stumm und ging auf Abstand. Trotzdem war Sandra klar, dass sie sie weiterhin auf dem Kieker hatten.

„Was glaubt ihr denn?", fragte Sabine. „Ein Therapeut, der nichts mitbekommt? Ich sag euch was. Thommy weiß ganz genau, dass die ihre Arbeit nicht ordentlich macht. Das mit den Zigaretten hat er auch gewusst. Sie muss nicht laufen, sie muss nicht über ihren Fall auspacken, der hat einen Narren an ihr gefressen."

Sie saßen auf Sandras Bett und löffelten Kaffeepulver, das Sabine aus der Gemeinschaftsküche im Dahlien-Haus gemopst hatte.

„Vielleicht schenkt sie ihm dafür ein paar süße Träume", feixte Cris, doch ihr Lachen klang alles andere als fröhlich. Ihr linkes Auge öffnete sich langsam wieder, aber die Haut darunter schillerte noch wie ein Regenbogen. „Habt ihr überhaupt schon mal gesehen, wie die läuft? Wie ne Ente auf Rohypnol."

Sandra lachte pflichtschuldig mit. Sie mochte Fiona nicht besonders, aber sie mochte Thommy, trotz aller

Meinungsverschiedenheiten musste sie sich eingestehen, dass er nie wirklich unfair zu ihnen war. Thommy schien sich tatsächlich was aus ihnen zu machen. Am liebsten hätte sie Cris ihr großes Maul gestopft, aber stattdessen saß sie hier rum und schaufelte weiter Kaffeepulver in sich hinein, obwohl ihr schon nach den ersten beiden Löffeln schlecht geworden war. Im Grunde tat sie nichts anderes als Fiona, dachte sie. Jeder hatte seine Taktik, um möglichst heil durchs Leben zu kommen, und an dieser Taktik erkannte man den Charakter. Bei ihr überwog die Feigheit, und das war kein gutes Gefühl.

Am nächsten Morgen ging sie in der Pause zu Fiona hinüber, die wie immer allein in ihrer Bank saß und an einem Apfel kaute.
„Hey", sagte Sandra und ließ sich einfach neben sie fallen, sie spürte die Blicke in ihrem Rücken. „Warum willst du uns eigentlich nicht erzählen, weshalb du hier bist?" Sie sah das blasse Gesicht noch eine Spur durchscheinender werden und musste innerlich aufschreien. Trotzdem tat es verdammt gut, endlich mal die Stärkere zu sein. „Weißt du eigentlich, dass die anderen langsam die Geduld mit dir verlieren?", legte sie genüsslich nach. „Die denken, du spielst hier die Prinzessin. Ich würde zu gerne wissen, womit du dir deine Sonderrechte verdienst."

Fiona gab einen einzigen erstickten Laut von sich, dann legte sie den Kopf auf die Arme und fing an zu heulen. Als Sandra wieder aufstand, kam gerade der Lehrer ins Zimmer. Er schaute sich kurz um und begann damit, irgendwelche Zahlen an die Tafel zu schreiben; um Fiona kümmerte er sich nicht. Tränen waren keine Seltenheit im Bunker, dafür waren die Therapeuten zuständig.

„Und, was hat sie gesagt?", fragte Cris später auf dem kurzen Heimweg. „Hat sie überhaupt was gesagt?"

Sandra schüttelte den Kopf.

„So ein Aas", entgegnete Sabine. „Aber ich schwör's dir, die kriegen wir noch dran."

Zwei Tage später kam die nächste Gruppensitzung. Als Sandra, die inzwischen von ihrem Putzjob erlöst worden war, allein im Schlafsaal hockte und so tat, als lerne sie Vokabeln, ging plötzlich die Tür auf und Fiona stürzte herein. Ihre Augen waren furchtbar angeschwollen, als hätte sie stundenlang geheult.

„Was'n los?" Sie hatte gar nicht fragen wollen, aber irgendwie fiel es ihr immer noch schwer, andere leiden zu sehen. Auf Dauer war sie wohl doch nicht der Typ, dem alles scheißegal war. Fiona setzte sich auf ihr Bett, doch sie wirkte nervös, irgendwas trieb sie gleich wieder in die Höhe, und mit ihrem typischen schwankenden Gang kam sie auf Sandra zu.

„Ich kann da heute nicht hingehen“, leierte sie kaum hörbar vor sich hin. „Sagst du Thommy, dass ich krank bin? Sag ihm irgendwas, damit ich da nicht hin muss. Die nehmen mich sonst auseinander, das weiß ich genau.“
Sandra zuckte die Schultern und fühlte sich mies. „Das kriegst du schon hin“, sagte sie leise und versuchte, Fionas Blick auszuweichen.

Zwei Stunden später hockten sie wie immer auf ihren Stühlen, drehten die Saftgläser auf dem Tisch und warteten, dass Thommy die Runde eröffnete. Fiona saß steif auf ihrem Platz und starrte hinaus in das grelle Sonnenlicht. Hinter dem Gelände rauschte ein Zug vorbei, als Thommy endlich seine Papiere zu ordnen begann. Er warf einen aufmerksamen Blick unters Volk und setzte sich aufrecht hin.
„Ich merke schon seit einiger Zeit, dass es Unstimmigkeiten in der Gruppe gibt, und heute hat mich Cristina direkt darauf angesprochen. Möchtest du dich dazu äußern?“
Mit einem Ruck war Cris von ihrem Stuhl aufgestanden. Ihre Augenbrauen bildeten einen hässlichen Wulst über der schiefen Nase, als sie zu sprechen begann. „Ich bin jetzt seit sechs Wochen hier“, erklärte sie mit theatralischer Stimme.

„Ich schäle die Kartoffeln, ich wische die Gemeinschaftsräume, und ich rede über Sachen mit euch, die eigentlich niemanden was angehen. Wir alle machen das so, weil wir eingesehen haben, dass irgendwas schief gegangen ist in unserem Leben, und dass es anders werden muss. - Zumindest tun wir so."
Sie warf Sabine ein freudloses Grinsen über den Tisch zu und fuhr dann mit scharfer Stimme fort. „So ist es gelaufen, bis diese Kuh hier aufgekreuzt ist."
Mit ausgestrecktem Zeigefinger deutete sie zu Fiona rüber, die auf ihrem Stuhl noch ein Stück kleiner wurde. Sandra hatte einen Knoten im Hals, sie suchte bei Thommy nach irgendeiner Reaktion, aber der hörte nur aufmerksam zu.
„Ich sehe nicht ein, dass ich hier noch länger den Hampelmann für diese erlauchte Gemeinschaft mache, wenn die da ständig aus der Reihe tanzt. Ich finde, wir haben lange genug gewartet. Also, Püppi, mach dein Maul auf und zeig dich endlich. Wir wissen ja nicht mal, warum du überhaupt hier bist."
Als Cris mit ihrem Vortrag fertig war, schwieg Thommy noch eine Weile vor sich hin, dann blickte er jeden seiner Schützlinge einzeln an. Bei Fiona blieb sein Blick kleben. „Kannst du diese Vorwürfe nachvollziehen?", fragte er leise.

Sandra sah Fiona vorsichtig nicken, und in ihrem Bauch löste sich etwas. Trotzdem überwog die Angst in ihr, eine bescheuerte, kindische Angst vor Auseinandersetzungen, die sich einfach nicht steuern ließ. Mit klammen Fingern griff sie nach ihrem Glas.

„Ich weiß, dass ich dir versprochen habe, dich erst einmal in Ruhe zu lassen“, sagte Thommy vorsichtig. „Aber auch ich bin der Meinung, dass du dich ein Stück weit öffnen solltest. Genau dasselbe habe ich auch von den anderen verlangt, und nun erwarte ich es von dir. Es wäre nicht fair, so weiterzumachen, und auf diese Weise komme ich auch nicht an dich heran. Also versuch es bitte, fang einfach irgendwo an.“

Fiona legte den Kopf zur Seite, als lausche sie auf ein geheimes Signal. Sie blickte stumm in die verschlossenen Gesichter, dann erhob sie sich plötzlich und lief einfach hinaus.

Niemand erwiderte etwas, als Sandra aufstand, um ihr nachzugehen. Gruppendynamik wurde groß geschrieben im Chrysanthemen-Haus, aber manchmal war das persönliche Gespräch erfolgreicher.

Sie fand Fiona im Schlafsaal, wo sie hektisch ihre wenigen Klamotten aus dem Spind zerrte. Wahllos stopfte sie die Sachen in ihre rote Reisetasche.

„Komm schon", sagte Sandra und griff nach Fionas Schulter, um sie herumzudrehen. „Wenn du ein bisschen nachgibst, lassen sie dich bestimmt in Ruhe."

Plötzlich schien alle Kraft aus der schmalen Gestalt zu weichen. Schwer wie ein Zentner Kartoffeln sackte Fiona zusammen und ließ sich auf ihr Bett fallen. Unterhosen und Pullover rutschten auf den Boden, wo sie in einem bunten Wirrwarr liegen blieben.

„Ich kann nicht", hörte Sandra nur, und dann, noch ein wenig leiser: „Vielleicht später."

Sandra stand da und wusste nicht, was sie sagen sollte. Sie wusste, das würde Thommy genügen, aber was war mit den anderen?

Am Samstag passierte dann die Geschichte mit den Schnitzeln. Sabine, die gemeinsam mit Fiona für den Küchendienst eingeteilt war, hatte das Essen fast allein zubereitet, und die blöde Ziege hätte nur noch ein paar Minuten drauf aufpassen sollen. Aber als Sabine zurückkam, saß die andere auf einem Küchenstuhl und studierte die Muster auf der Tapete, während das rabenschwarze Fleisch vergeblich aus der Pfanne nach ihr brüllte.

„Kann man so dämlich sein?" keifte Cris, als sie hinterher am Tisch saßen und an den kläglichen Resten herum säbelten.

Fiona hielt den Kopf gesenkt, an ihr schien alles abzuprallen wie an einer Gummiwand. Sie äußerte sich mit keinem Wort zu dem Thema.

„Die hat sich einen abgegrinst“, behauptete Sabine später. „Hat gedacht, ich seh’s nicht, weil ihre Haare so runter gehangen sind. Die hat das mit Absicht gemacht.“
Sandra saß auf ihrem Bett und sortierte ein paar Zeitschriften aus.
„Kann ich mir nicht vorstellen“, sagte sie und fischte ein benutztes Taschentuch hinter dem Bett hervor.
„Ach, willst du die Drecksau jetzt etwa in Schutz nehmen?“ Cris war aufgesprungen und hatte Sandras Handgelenk fest umklammert. „Läuft da was zwischen euch, wovon ich nichts weiß?“
Sandra bekam einen Hustenanfall und schüttelte wild den Kopf. „Blödsinn. Wofür hältst du mich denn?“
„Jetzt guckt euch bloß diese Kacke an!“ Sabine angelte die Schüssel mit der Bowle unter dem Bett hervor. Statt sich in Alkohol zu verwandeln, war aus dem Wasser eine trübe Brühe geworden, in der einzelne Schimmelschlieren vor sich hin trieben.
Sandra war froh, als Cris sie losließ und in lautes Gelächter ausbrach. Doch im nächsten Moment drehte sie sich um und starrte Sandra aus lauernden Augen an.

„Mach dir bloß keinen Kopf“, erklärte Sabine und reckte sich genüsslich. „Nächste Woche klärt sich sowieso alles auf. Montag ist Gipfeltreffen.“

Tatsächlich war für Montagnachmittag ein Termin in der Stadt angesetzt, wo vermutlich um weitere Zuschüsse gerungen wurde. So eine Veranstaltung hatte erst einmal stattgefunden. Es war mehr als ein Arrangement gewesen, es war ebenso ein Vertrauensbeweis. Wer fliehen wollte, hatte die beste Gelegenheit, auch wenn er nicht weit kommen würde, denn bis zum Dorf waren es gute fünf Kilometer, und zur anderen Seite hin erstreckte sich hinter den Bahngeleisen nur noch ein kurzes Stück Wald, bevor man die Autobahn erreichte.
Sandra blickte sie entsetzt an.
„Wo ist das Problem?“ fragte Sabine. „Schau dir mal die Türen hier im Haus an. Die Schlösser kriegst du mit jeder Haarnadel auf. Wollen doch mal sehen, was unser Mauerblümchen für Geheimnisse hat.“

Am Montag ging es Sandra schlecht. Die halbe Nacht hatte sie wachgelegen und sich gefragt, wie sie die beiden abhalten sollte, nun war ihr Kopf wie leergefegt. Nachdem Thommy gegangen war, legte sie sich aufs Bett und starrte die Wand an.

Die Rieger aus Haus D, die an diesem Nachmittag Aufsicht führen sollte, hatte nur einmal kurz bei ihnen vorbeigeschaut, dann war sie wieder verschwunden.

„Los jetzt, die ist noch eine Weile in der Küche beschäftigt“, erklärte Cris und zog Sabine mit sich den Flur hinunter. Sandra blieb im Schlafraum zurück und fragte sich die ganze Zeit, warum sie solche Angst hatte. Dann hörte sie Sabine schreien.

„Bleib doch stehen, Mensch!“, brüllte sie, einen Moment später hallten mehrere Schritte auf dem Linoleum und die Haustür schlug zu. Sabines Gesicht erschien in der Zimmertür. Sie sah verwirrt aus und hektisch. „Scheiße, die hat ihr Kind umgebracht!“ rief sie Sandra zu. „Ihr eigenes Kind, direkt nach der Geburt mit einer Jacke erstickt. Als ich eben die Akte zurücklegen wollte, stand sie plötzlich im Zimmer.“

Sandra sprang entsetzt auf die Füße. „Wo ist sie hin?“ fragte sie leise.

„Abgehauen!“, tönte Cris aus dem Hintergrund.

Erschrocken lief Sandra zum Eingang. Von draußen konnten sie die hohe Stimme der Rieger hören. Irgendwas war verdammt schief gelaufen.

Auf dem Hof waren schon ein paar Mädchen aus Haus B unterwegs. Die Rieger kam auf sie zu gerannt wie ein Gespenst, sie keuchte erbärmlich.

„Wo ist sie hingelaufen?“, rief sie aufgeregt. „Was war denn los?“
Eines der Begonien-Mädchen zeigte nach links, wo vor dem Schatten der Bäume eine Gestalt über die Felder davon jagte.
„Die kann doch nicht einfach… Was denkt die sich bloß? Das hat doch überhaupt keinen Sinn!“ Die Rieger war fassungslos, so hatte sie sich ihre Aufsicht sicher nicht vorgestellt.
Zusammen mit zwei Lehrern rannten alle hinter Fiona her, die direkt auf den Waldrand zusteuerte. Sandra fragte sich, ob sie sich überhaupt etwas dabei gedacht hatte. Hinter dem schmalen Streifen Bäume kamen nur noch die Bahngeleise, ein paar Äcker, viel weiter hinten die Autobahn. Zum Dorf ging es genau in die andere Richtung. So ein Tempo hätte sie dieser mageren Gestalt niemals zugetraut. Sandras Beine wurden mit jedem Schritt schwerer, in ihrer Lunge begann es, hässlich zu rasseln. Es war eine unbestimmte Angst, die sie antrieb, die sie immer weiter über das flache Gelände dahin jagte. Die Rieger war schon ein ganzes Stück zurückgefallen, nur Kohlmann, der Mathelehrer hielt auf diese Strecke noch mit, aber als Sandra den schmalen Streifen Wald hinter sich gelassen hatte, war von Fiona nichts mehr zu sehen. Ein Zug brauste heran, in der Ferne

klangen die Kirchenglocken, und plötzlich wusste sie, was geschehen würde.
Sandra rannte schneller, sie schrie, brüllte laut Fionas Namen, bevor ihre Stimme im Kreischen der Bremsen unterging. Mitten auf der Strecke kam der Zug zum Stehen, dann versagten Sandras Beine und sie fiel auf die feuchte Ackererde, wo sie heulend sitzen blieb.

Thommy kümmerte sich um die Beerdigung. Es hatte keine Verabschiedung von Fiona gegeben, nicht für ihre Eltern, denn die waren gar nicht erst gekommen, und auch nicht für die Bewohner des Bunkers, weil der Sarg nicht mehr geöffnet werden durfte. Immerhin hatte der Zug sie noch ein ganzes Stück mitgeschleift.
Niemand hatte sich danach erkundigt, was Fiona zu einer solchen Tat getrieben hatte. Nach allem was passiert war, gab es überhaupt keine Fragen mehr, nur noch eine beängstigende Leere, die sie alle aneinander kettete.
„Ich hätte es verhindern können“, sagte Sandra, als sie auf dem Platz vor der kleinen Kapelle standen, in der die Trauerfeier stattfinden sollte. Sie spürte Thommys Hand auf ihrer Schulter und lehnte sich schwer gegen seinen Brustkorb.

„Ja“, entgegnete Thommy leise. „Vielleicht hättest du das, aber glaubst du, dass es irgendjemandem hilft, wenn du dir weiterhin Vorwürfe machst? Ich bin euer Betreuer, es wäre meine Aufgabe gewesen, rechtzeitig einzuschreiten. Wir alle werden damit leben müssen, was geschehen ist. Wirst du in dem Heim zurechtkommen?“

Sie senkte den Kopf, weil sie sein trauriges Gesicht nicht sehen wollte. Thomas Greiners Projekt war gescheitert. In den nächsten Tagen würden sich die Türen des Bunkers für immer schließen.

Sandra blickte auf das Kopfsteinpflaster und betrachtete, wie die Sonne helle Flecken darüber wandern ließ.

„Ich werde zurecht kommen“, sagte sie. „Wir alle werden zurecht kommen. So etwas wird nie wieder passieren, nicht, wenn ich etwas tun kann.“ Sie hob den Kopf, und für einen Moment sah sie, wie der alte Glanz in seine Augen zurückkehrte.

Dann griff sie nach seiner Hand, und sie gingen hinein.

Steine

Als ich den Jungen zum ersten Mal bemerkte, lebte er vermutlich schon eine ganze Weile in der Plattenbausiedlung. In den grauen Häuserblocks gab es einen ganzen Haufen Kinder, alle mit demselben nervenaufreibenden Stimmvolumen gesegnet. Ich hatte mir niemals Mühe gegeben, sie auseinander zu halten. Aber Jason war anders.

Ich saß auf der kleinen Bank im Innenhof, dem einzigen Platz dort unten, an den sich vormittags noch ein paar Sonnenstrahlen verirrten, und versuchte, die Morgenzeitung zu lesen. Seitdem sie mich aus dem Betrieb hinaus komplimentiert hatten, sahen die Tage alle gleich aus, eine zähfließende dunkle Masse, aus der nur selten ein Lichtblick hervorstach. Dieser Junge war solch ein Lichtblick, aber das wurde mir erst viel später klar.

Während ich also mit dem Sportteil kämpfte, den mir der Wind mit aller Macht um die Ohren schlug, näherte sich dieses Kind auf seinen dünnen Beinen, vorsichtig, als wolle es verhindern, dass jemand seine Bewegungen bewusst wahrnehmen könne. Ein paar dunkelbraune Augen blickten mich vertrauensselig an und sein ganzes Gesicht verriet, dass er es auf mich abgesehen hatte. Als ich endlich die Zeitung zusammenfaltete, legte er den Kopf zur Seite und lächelte.

„Schau mal, Onkel."

Noch nie hatte mich eines dieser Bälger einen Onkel genannt, aber noch ehe ich etwas erwidern konnte, zog er einen glatten Kiesel aus der Hosentasche und hielt ihn mir stolz entgegen.

„Was soll das sein?" Ich wusste nicht, was ich sagen sollte.

Doch ihn schien das gar nicht zu interessieren, er wollte nur seine Neuigkeiten verbreiten. „Das ist ein Maas-Ei."

Ich nahm den rundlichen grauen Stein, den er da hielt, vorsichtig an mich und betrachtete ihn von allen Seiten.

„Der wurde in den Fluten der Maas geschliffen, sagt Raphael. Es gibt nicht mehr viele davon."

Soso, die Maas also.

„Und wer ist Raphael?"

„Mein Bruder natürlich." In seinen Augen flammte Enttäuschung auf. Wie konnte ein Erwachsener so dumme Fragen stellen? „Er hat einen ganzen Karton

davon, auch Feuersteine und sogar eine Sandrose. Aber das Maas-Ei mag ich am liebsten. Ich darf es eigentlich nicht nehmen, Raphael sagt, es ist sein Glücksbringer, weil es der erste Stein in seiner Sammlung war. Aber er bekommt es ja wieder."
Nachdem er mich in sein Geheimnis eingeweiht hatte, steckte er den Kiesel wieder ein und entfernte sich ohne ein weiteres Wort. Zurück blieb ein herbes Gefühl der Unfertigkeit. Hatte er noch etwas sagen wollen? Aber was ging das mich an? Ich beschloss, den Jungen zu vergessen.

Ein paar Tage lang dachte ich wirklich nicht mehr an ihn, doch dann hörte ich eines Nachmittags aus dem üblichen Stimmengewirr, das in dieser Siedlung allgegenwärtig ist, ein leises Schluchzen heraus, das vom Treppenhaus zu kommen schien. Als ich die Wohnungstür öffnete, kauerte Jason auf der Schwelle. Nachdem ich einen Blick in seine verheulten Augen geworfen hatte, zog ich den Jungen, ohne weiter nachzudenken, mit mir hinein, setzte ihn wortlos auf meinem Sofa ab und holte ihm eine Tasse Milch aus dem Kühlschrank, die er jedoch nicht anrührte.

Nach wenigen Minuten hatte er sich ein wenig gefasst und machte Anstalten, gehen zu wollen, aber mich überkam bei diesem Gedanken eine plötzliche Panik.

Wer oder was wartete dort draußen auf ihn? Es erschien mir eindeutig, dass er nicht darüber sprechen wollte, jedes Anzeichen von Neugier hätte ihn nur schneller hinausgetrieben.
„Hast du es noch?“, fragte ich also stattdessen und deutete auf seine Hosentasche.
Jason wusste sofort, was ich meinte. Er holte den ovalen glatten Stein hervor und auch noch zwei andere, kleinere, und legte sie auf meinem Wohnzimmertisch ab.
„Ich suche sie überall“, sagte er leise. „Ich gehe durch die Straßen und suche die allerschönsten, aber es hilft nichts. Sie reichen einfach nicht.“
„Und warum tust du das?“ fragte ich vorsichtig, und er zuckte nur mit den Schultern und nahm jetzt doch einen Schluck Milch.
Seine Stimme klang brüchig, wie die eines alten Mannes, dem das Leben längst lästig geworden ist. „Um ihn zurück zu bringen, weißt du?“
Ich wusste nicht, ich verstand nicht, und ich fragte mich, ob es tatsächlich die Worte dieses Achtjährigen waren, die meinen Magen in ein Stück Eis verwandelten.
„Ich habe auch Steine gesammelt, als ich jünger war“, sagte ich und setzte mich neben ihn. „Keine Maas-Eier, einfach nur irgendwelche Steine, weil sie mir gefallen haben. Das ist ein schönes Hobby, es hat

mich glücklich gemacht." Einen Moment schämte ich mich dieser Offenbarung, dann sah ich, wie sich in seinem Blick etwas veränderte.
„Glücklich?" Nur ein einziges Wort. Er schaute mich verständnislos an und stand endlich auf. Als sei ihm plötzlich eine Ermahnung seiner Mutter eingefallen, sich nicht mit Wahnsinnigen abzugeben, mit Leuten, die von Glück sprachen und kleinen Jungen Milch zu trinken gaben. Ich wagte nicht, ihn aufzuhalten, er war stärker als ich, das konnte ich spüren, er besaß eine Entschlossenheit, die mir immer gefehlt hatte, und so ging er, mit all seinen Zweifeln, und als die Tür ins Schloss gefallen war, fühlte sich meine Wohnung frostig und leer an.

Die halbe Nacht lag ich wach und fragte mich, ob ich mich nicht verhört hatte, vor meinen Augen flackerte sein kleines Gesicht mit den dunklen wissenden Augen, die den Schmerz einer ganzen Welt in sich zu tragen schienen. Am Morgen hielt ich es nicht mehr aus. Ich stieg die beiden längsten Treppen meines Lebens hinauf und klingelte an Jasons Wohnungstür. Die Frau, die mir öffnete, wirkte bleich und irgendwie abwesend.
„Verzeihen Sie", sagte ich, und mir fehlten plötzlich die Worte. „Ich wollte nur fragen, ob ich irgendwie

helfen kann. Ich habe gestern mit Jason gesprochen und…“
Ihre Stimme zerfetzte mich in der Luft. „Lassen Sie meinen Sohn zufrieden“, sagte sie scharf. „Wir haben einen Todesfall in der Familie. Würden Sie jetzt bitte gehen?“
Ich ging. Ich wäre sowieso gegangen. Es war eine verrückte Idee gewesen, meine Hilfe anzubieten. Ich war nicht dazu geboren, etwas für andere zu tun. Mein Leben lang hatte ich mich nur um mich selbst gedreht, warum sollte sich das jetzt noch ändern? Nur Jason tat mir leid, aber mit Mitleid ist niemandem gedient.

Drei Tage später traf ich ihn unten im Hof. Er saß zusammengekauert unter einer der beiden Platanen, die den halben Rasen mit ihren Kronen überspannten, und kaute an seinen Fingernägeln.
„Wie ist das passiert mit deinem Bruder?“, fragte ich ihn.
„Ein Auto hat ihn angefahren. Mitten auf dem Zebrastreifen. Das war kein Zufall.“
„Nein“, gab ich ihm Recht. „Ein Zufall sicher nicht. Aber solche Dinge passieren, und es gibt niemanden, der sie verhindern kann. Hast du mit deiner Mutter darüber gesprochen?“

Stumm schüttelte er den Kopf und legte eine Hand schützend auf seine ausgebeulte Hosentasche. „Sie würde mich hassen."
Ich achtete nicht darauf, ob wir beobachtet wurden, als ich mich neben ihn auf die Erde setzte. Vorsichtig nahm ich seinen Kopf und hielt ihn fest, drückte ihn an mich und spürte, wie die erlösende Erschütterung ihn erfasste. Es war gut, und es war das einzige, das ich im Moment für ihn tun konnte.

Wir trafen uns am nächsten Nachmittag. Ich wusste, dass er zu Hause nichts davon erzählt hatte, Geheimnisse dürfen nicht offenbart werden, auch nicht den Eltern, nicht wenn man acht Jahre alt ist und eine solche Last mit sich herumschleppt. Schweigend legten wir die Strecke durch die Innenstadt zurück. Ohne uns auch nur einmal anzusehen.
Die Blumen waren noch frisch, aber der süßliche Geruch stieg mir trotzdem unangenehm in die Nase. Unter dem Holzkreuz hatten sie einen Teddybären aus Porzellan niedergelegt, der nun in einer Flut aus Lilien und Gerbera zu ertrinken drohte. Vorsichtig hob ich die kleine Figur an und begann, mit den Händen ein Loch in die krümelige Erde zu graben, dann legte Jason die Steine hinein. Als wir fertig waren, drückte er fest meine Hand.

„Du weißt, dass er nicht zurückkommt?“, fragte ich ihn leise, während die Welt um uns herum aufhörte, sich zu drehen. Es dauerte lange, bis er nickte.
„Du glaubst nicht, dass ich Schuld bin“, erklärte er und blickte zu dem frischen Grab hinüber. Wieder erschien mir seine Stimme viel zu alt für einen Jungen. „Du denkst, es wäre auch passiert, wenn ich den Stein nicht genommen hätte.“ Er erwartete keine Antwort.

Jason hat mich danach nicht wieder besucht. Das war in Ordnung, er hatte sein eigenes Leben, das irgendwo dort draußen auf ihn wartete. Wenige Wochen später zog die Familie fort. Es war nur eine Begegnung wie so viele, aber sie ließ mich mit dem Gefühl zurück, nicht ganz unnütz gewesen zu sein.
Manchmal klopft das Schicksal ganz leise an unsere Türen, und wenn wir Glück haben, dann sitzen wir gerade nicht vor dem Fernseher, und hören dieses unaufdringliche Geräusch, das unser ganzes Leben verändern kann.

Ich habe großes Glück gehabt.

Erdbeergeschmack

„Los, aufstehen!“ Aljoscha zerrte an der Jacke seines jüngeren Bruders. „An der Metro verteilen sie heute Piroschki und warmen Tee. Die anderen sind alle schon weg.“
Oleg rollte auf die Seite und zog die Knie bis fast zum Kinn hoch. „Mir ist scheißkalt“, erklärte er, ohne aufzusehen.
Unschlüssig ging Aljoscha in die Hocke und betrachtete den Kleinen. Verdammt dünn war er geworden, richtig knochig. Trotzdem bereute er nicht, ihn mitgenommen zu haben. Sein Bruder war ein zähes Kerlchen, und wenn er nur ein bisschen auf ihn aufpasste, würden sie schon irgendwie durchkommen.
Endlich öffnete Oleg die Augen einen Spalt weit.
„Komm schon. Nur noch ein paar Minuten“, bettelte er. Dann griff er in die Hosentasche und holte die letzten beiden Bonbons heraus. Einer der Ausländer hatte sie gestern in die Menge geworfen; wahr-

scheinlich hatte er sich für einen großzügigen Menschen gehalten. Auf dem Papier waren Erdbeeren abgebildet.

„Katja ist weg, seit zwei Tagen schon. Glaubst du, dass sie sie geholt haben?"

„Keine Ahnung." Aljoscha sah zu, wie sein Bruder das Papier zerriss und sich das rosarote Bonbon in den Mund schob. Wie seine Finger zitterten. Er schlug die Kapuze seines roten Pullovers hoch und stand auf.

„Wo willst du hin?", fragte Oleg ängstlich, als er Anstalten machte, den Hauseingang zu verlassen.

„Nur kurz pinkeln. Ich bin gleich zurück."

Die Luft draußen war eisig, jeder Atemstoß schmerzte in seiner Brust. Einen Moment blieb er stehen und sah auf die Newa hinaus, die zu dieser Jahreszeit nichts als eine glitzernde Eisfläche darstellte. Er war kaum um die Ecke verschwunden, als sich der Wagen näherte, und obwohl Autoverkehr in den Kanalgassen nicht ungewöhnlich war, wusste er sofort, dass etwas nicht stimmte. Aljoscha machte die Hose zu und presste sich dicht an die Hauswand, in seinem Magen tobte ein Sturm. Wenn er den Hals reckte, konnte er einen Teil des Hecks erkennen. Ein blauer Kastenwagen parkte direkt vor dem Eingang. Ungeduldig schob er die Kapuze vom Kopf, um besser sehen zu können. Seine Schritte knirschten viel

zu laut auf dem gefrorenen Boden. Das war nicht die Miliz!
Dann konnte er sie erkennen, zwei Männer in dunklen Jacken, und sie gingen direkt auf den Eingang zu. Aljoscha wusste, dass er nichts tun konnte. Hilflos sah er zu, wie sie seinen strampelnden Bruder aus dem Haus schleppten, wie einer der Männer einen Lappen auf Olegs Gesicht presste, während der andere seine Beine festhielt, um die ausfahrenden Bewegungen zu bremsen. Dann war auch das zu Ende.
Erst lange, nachdem der Wagen verschwunden war, trat Aljoscha zurück auf die Straße. Weder Hunger noch Kälte drangen mehr in seine Gedanken vor, abwesend starrte er auf den gefrorenen Fluss hinab.
Nun also auch Oleg.

Am Freitag vor vier Wochen war der Anruf gekommen. Hirschhorn hatte zuerst gar nicht gewusst, was er sagen sollte. Obwohl alles durchdacht und geplant war, überkam ihn eine innere Unruhe; die Hoffnung, von der er sich seit der ersten Kontaktaufnahme genährt hatte, war plötzlich mit grauen Fäden der Angst durchzogen. Das Leiden war eine schreckliche Erfahrung gewesen, aber es war zu einem Teil seines Lebens geworden; das Mädchen mit dem unbeschwerten Lachen, das er auf alten Fotos

wiederfand, erschien ihm fremd, wie die Erinnerung eines anderen.
Nun saß er seit einer Stunde in der Wartezone und versuchte, sich auf eine der Illustrierten zu konzentrieren. Bunte Bilder von glücklichen Menschen. Würde auch für ihn das Glück zurückkehren? Nachdenklich ließ er den Blick über die Wände gleiten. Wo war der junge Mann geblieben, der vor Jahren für eine gerechtere Welt auf die Straße gegangen war? Tot, dachte Hirschhorn bitter und griff nach dem Kaffeebecher, der auf der gläsernen Ablage stand. Gestorben in einem Raum wie diesem, an der Einsicht, dass es manchmal eben nicht nur die anderen traf.
Die Schwester trug eine grüne Schürze über der weißen Uniform. Sie hatte ein helles offenes Gesicht und lebhafte Augen. Ein sympathisches Lachen mit einer winzigen Lücke zwischen den Schneidezähnen.
„Bitte hier entlang." Das Lächeln begleitete ihn bis zu einem Zimmer am Ende des Korridors. Durch eines der Fenster konnte Hirschhorn den gewaltigen Maulbeerbaum sehen, der im Garten der kleinen Privatklinik wuchs.
Sie hatten ihm empfohlen, sich abzulenken, die Sehenswürdigkeiten der Stadt zu besuchen, doch ein Teil von ihm war die ganze Zeit über in diesem Zimmer verblieben, am Bett seiner Tochter. Was für

eine Veränderung, dachte er einmal mehr, als er über ihre Wange strich.

„Papa." Beate blickte ihn aus klaren Augen an, die graue Gesichtsfarbe der letzten Monate, die Augenränder, all das war Vergangenheit.

Ein Wunder, dachte Hirschhorn, und musste für einen Moment mit den Tränen kämpfen. Der Professor hatte wahrlich ein Wunder vollbracht.

Der Tag war kalt, aber klar, doch Hirschhorn fand in seinem Schädel keinen Raum für solche Dinge. Missmutig stapfte er den Weg entlang, nahm nicht viel mehr wahr als die Straße, die unter seinen Schritten dahinglitt. Die Erleichterung war da, aber sie verbarg sich wie ein Schatten hinter all den anderen Gedanken. Den dunkelgrauen. Das gefrorene Gras knisterte unter seinen Füßen. Er hatte die Wahl gehabt, im Gegensatz zu vielen anderen Menschen, so einfach war das. Und wer würde sich für den Tod entscheiden, wenn jenseits der Grenze das Leben lockte? Jeder andere hätte in seiner Situation genauso gehandelt. Es hatte wieder angefangen zu schneien, und Hirschhorn schlug mit klammen Fingern den Mantelkragen hoch.

„So, mein Bester." Der Arzt warf einen letzten Blick auf seine Unterlagen und nickte Hirschhorn aufmunternd zu. „Dann wären wir also soweit. Die

Niere arbeitet einwandfrei, wenn alles so bleibt, können wir die Kleine in ein paar Tagen nach Hause entlassen. Die Tabletten muss sie natürlich weiternehmen, das wissen Sie ja. Dann will ich mich mal von Ihnen verabschieden."

Hirschhorn schob den Bürostuhl mit einem leisen Quietschen zurück. Es roch nach Tannennadeln. Warum mussten solche Leute immer den Duft der Natur nachahmen? Eine leise, quälende Stimme erwachte in ihm zum Leben. Dieser Mann hatte Unglaubliches an seinem Kind gewirkt. Weshalb kostete es ihn Überwindung, ihm auch nur die Hand zu reichen? Hirschhorn begann, seinen Kopf langsam nach links und rechts zu bewegen, als wolle er sichergehen, dass sich außer ihnen niemand in dem kleinen Zimmer aufhielt. Dann endlich wurde der Druck zu groß, um die Worte noch länger zurückzuhalten.

„Eine Frage hätte ich noch." Er fühlte, wie die Scham in ihm emporstieg.

Der Russe sah ihn freundlich an.

„Es ist doch alles mit rechten Dingen zugegangen bei der Transplantation, nicht wahr?" Seine Stimme versagte. Wie konnte er nur?

„Herr Hirschhorn, ich bitte Sie, was sollen denn diese trüben Gedanken? Sie haben sich an uns gewandt, weil sie Hilfe brauchten, und wir haben Ihnen ge-

holfen. Sie sollten sich freuen, dass alles so komplikationslos verlaufen ist. Und nun lassen sie uns sehen, wie es Ihrem Kind geht."
Dankbarkeit, richtig. Hirschhorn bemühte sich um ein freundliches Gesicht. Man kann nicht alles haben, ermahnte er sich. Du denkst zu viel, das ist nicht gut für den Magen. Er stieß ein verlegenes Lachen hervor und folgte dem Arzt auf die Station.

Es war Abend geworden, als er sich auf den Rückweg zum Hotel machte. Kalt fiel das Licht der Laternen in den frischen Schnee. Für einen Moment blieb er stehen und betrachtete das unberührte Weiß zu seinen Füßen, ließ sich von der Erinnerung davontragen; ein Gefühl von Unschuld und Sorglosigkeit breitete sich kraftvoll in ihm aus und zauberte ein kurzes Leuchten in seine Augen. Als Hirschhorn den Schlossplatz überquerte, fiel sein Blick auf eine Gruppe schmutziger Kinder, die sich an der Siegessäule herumdrückten. Wenn diese Sache ausgestanden war, würde er mit Beate nach Hause fahren und niemals zurückkehren. Dieses Land, so schön es auch sein mochte, beunruhigte ihn auf eine Weise, die er sich nicht erklären konnte. Es war besser, die ganze Geschichte irgendwann zu vergessen. Er versuchte, die Richtung zu wechseln. Aus den Augenwinkeln glaubte er eine Bewegung auszumachen. Zu spät bemerkte er, wie der Junge in dem roten Kapuzenpullover sich erhob und langsam auf ihn zukam. Bettelnd streckte er die Hand nach ihm aus. Hirschhorn wich benommen einen Schritt zurück. Er sah in leere glasige Augen. Ob der unter irgendwelchen Drogen stand? Nahmen die nicht alle Drogen? Er griff in seine Manteltasche, holte ein Bonbon heraus, Erdbeergeschmack, und warf es dem Jungen vor die Füße. Dann wandte er sich ab.

Ist es nicht entsetzlich? dachte Hirschhorn, als er sich eiligen Schrittes entfernte. Gibt es denn niemanden, der diesem Elend endlich Einhalt gebietet?

In was für einer Welt leben wir eigentlich?

Tanz im Regen

Viel zu früh steht Marlene an der Haltestelle. Jeden Tag sagt sie sich, dass sie Zeit hat, entsetzlich viel Zeit, und dann muss sie doch wieder rennen. Irgendwas treibt sie, hetzt sie an den Häusern vorbei, bis sie sich völlig außer Atem auf die Bank fallen lässt. Es ist früher Nachmittag, und auf der anderen Straßenseite laufen die Leute vom Schnellimbiss zurück zu ihren Bürohäusern. Auf der Verkehrsinsel knien zwei Männer in orangefarbenen Jacken und jäten das letzte Unkraut. Marlene muss an Mario denken, mal wieder, eigentlich immer. Egal ob in der Schule, beim Zahnarzt oder während des Essens, Mario ist immer dabei. Ihre Mutter kann lange reden.

„Geh doch endlich mal unter Leute", hat sie gestern zu Marlene gesagt.

Am liebsten hätte sie ihr den Kartoffelsalat um die Ohren gehauen. Aber Marlene wird nicht ausfällig werden, sie schreibt gute Noten und gibt sich auch sonst recht wohlerzogen. Was in ihr drin ist, geht niemanden etwas an.

Es gibt auch Erinnerungen an schöne Tage, aber die sind so lange her, dass die Bilder in ihrem Kopf schon einen Sepia-Ton angenommen haben. Die Fahrradtour fällt ihr wieder ein, das war der Sommer, in dem sie schwimmen lernen sollte und dabei fast ertrunken ist, weil Mario einfach mit der Luftmatratze abgehauen ist. Nachdem Papa sie rausgeholt hatte, hat er sich seinen Sohn geschnappt und ihm zwei Ohrfeigen verpasst.

„Lass ihn in Ruhe!" hat Marlene geschrien, und die Tränen sind ihr heiß übers Gesicht geströmt. „Das darfst du nicht!"

Damals hat alles angefangen, in diesem Moment am Seeufer, als sie ihren Bruder so fest umklammert hielt, dass er fast keine Luft mehr bekam. Auch heute noch kann sie das Mädchen in ihrem Kopf schreien hören, es gibt Geräusche, die nie wieder richtig verstummen.

Marlene sitzt ganz still auf ihrer Bank, der Verkehrslärm, der überall um sie herum ist, dringt nicht zu ihr herein. Die Leute gehen vorbei, reden und lachen, ein Junge wirft dicht neben ihr eine leere Coladose in den Abfalleimer. Marlene registriert die Bewegung aus den Augenwinkeln. Nur ein kurzes

Zwischenspiel, nicht wichtig genug, um sie von ihren Gedanken zu erlösen.
Als Papa noch zu Hause war, hat sie sich niemals so verlassen gefühlt. Er hat mit ihr gelacht, sie sind ins Schwimmbad gefahren oder in den Wald. Jetzt hat Papa eine neue Frau und neue Kinder, die sind jetzt an der Reihe.
Mama ist eine andere geworden, das ist nicht plötzlich passiert, so nach und nach hat sie sich verändert, ein zerbrochener Teller beim Geschirrspülen, ein paar Tränen zu viel vor dem Fernseher. In ihren Augen dieser jämmerlich leidende Ausdruck, dieses „sprecht mich bloß nicht an, ich habe selbst genug Probleme". Außer Mario war niemand mehr da. Ihre schöne Familie, das Kleeblatt, das ihr in den ersten Jahren ihres Lebens soviel Halt und Geborgenheit gegeben hat, ist zerrissen, kleingeschreddert. Manchmal möchte Marlene schreien und toben, aber das tut sie natürlich nicht. Sie ist still und tut, was man ihr sagt. Das ist ihre Waffe, der Sturm bleibt unsichtbar.

Endlich ist Mama weg, Marlene hat es kaum noch ausgehalten. Ihre Anwesenheit verpestet die Luft im Zimmer, sie kann diese verheulten Augen nicht mehr sehen, bis in ihre Träume verfolgen sie sie schon.

„Was hast du?" Mario steht hinter ihr und berührt sie sanft an der Schulter.
Sie kann sein Aftershave riechen, wie Seewasser, kühl und frisch. Hat er schon immer so blaue Augen gehabt? Marlene erinnert sich nicht. Manchmal hat sie dieses Gefühl, das Gefühl eines ganz neuen Tages, wie eine Neugeburt, als könnte sie alles, was vorher war, einfach vergessen, ohne dabei einen Augenblick zu verlieren. Ihr Leben beginnt genau in diesem Moment.
„Noch fünfzehn Monate", sagt sie leise. „Dann bist du volljährig."
„Und dann?" Mario lacht sie an, ein bisschen spöttisch, ein bisschen altklug, dabei ist sie kaum ein Jahr jünger als er. Sie liebt dieses Lachen an ihm, aber im Moment ist ihr nicht danach zumute.
„Wirst du ausziehen, wenn du achtzehn bist?" Sie will ihn nicht mit ihren Ängsten belasten, aber sie kann nicht anders.
„Ich lass dich nie allein", sagt Mario, und seine Augen leuchten in einem warmen Glanz. „Das könnte ich gar nicht."
Plötzlich hat Marlene das Bedürfnis, ihn in ihre Arme zu schließen und nie wieder loszulassen. Aber tut man so etwas mit seinem Bruder? Die Luft im Zimmer scheint sich aufzuladen, wie vor einem Gewitter, und ganz langsam legt er seinen Arm um ihre Taille, als wolle er mit ihr tanzen, dreht sie zu sich herum und küsst sie sanft auf den Hals.
„Ich weiß nicht, was geschieht", sagt Mario, der ihre Gedanken zu lesen scheint. „Aber ich habe keinen Einfluss

darauf. Du bist mehr für mich als eine kleine Schwester, das warst du schon immer."

Sie lehnt ihren Kopf gegen seine Schulter und fühlt sich plötzlich sicher.

„Ich weiß."

Der Freitag fällt ihr ein.

Sie weiß nicht genau, wann ihr Zuhause anfing, zu bröckeln. Irgendwann haben sie einfach aufgehört, eine Familie zu sein. Sie erinnert sich mit Schaudern an den dauernden Streit, an kalte hässliche Abende, die sie auf der Treppe verbracht hat, nur mit dem einen Gedanken im Kopf, dass sie endlich Ruhe geben sollten. Es gab nur Mario, er war der einzige, dem sie sich so zeigen konnte, mit vors Gesicht geschlagenen Händen, der sie verstanden hat, ohne dass sie etwas erklären musste. Im Geist geht sie sie alle durch, die Klassenkameraden, die ganzen angeblichen Freunde, aber es ist so, da war sonst niemand. Sie hat gelebt wie in einer Seifenblase. Ohne ihn wäre sie da drin vermodert.

Der Freitag kam im Juni, und obwohl sie es längst hätte spüren müssen, kam er vollkommen unerwartet. Mama hatte gerade ihren neuen Job angetreten, und Marlene schaute sich einen dämlichen Liebesfilm im Fernsehen an.

Mario liegt auf der Couch und blättert in einem Heft. Obwohl alle Rollläden im Haus heruntergelassen sind, staut sich die Hitze in den Räumen, und nachdem weder Eistee noch der Ventilator an der Decke wirklich Linderung gebracht haben, geht Marlene ins Badezimmer um zu duschen. Das lauwarme Wasser perlt erfrischend über ihre heiße Haut. Hinterher fühlt sie sich um einiges besser. Nur mit einem Slip bekleidet, steht sie vor dem Spiegel, als sich in ihrem Rücken die Tür öffnet. Sie spürt seine Blicke auf ihrem Körper wie glühende Nadeln. Es kommt ihr so richtig vor in diesem Moment, so natürlich. Mario ist vollständig nackt, nur ein dünnes Stirnband hält seine blonden Locken zurück. Als er hinter sie tritt und seine Hände ihre Brüste bedecken, weiß sie auf einmal, dass sie die ganzen Jahre nur auf ihn gewartet hat. Bereitwillig lehnt sie sich nach vorne und schließt die Augen, lässt es zu, dass er den schmalen Steg ihres Slips zur Seite schiebt und in sie dringt, fordernd immer mehr Besitz von ihr ergreift.
Es ist der Tag der Wunder, und sie steht staunend dabei und kann sich nur noch ihren Gefühlen ergeben. Es ist ihr Freitag.

Marlene hebt den Kopf, als eine Frau mit Dackel vorbeigeht. Drüben vor dem Metzgerladen treiben sich ein paar Mädchen in ihrem Alter herum, zum Glück kennt sie keine von denen. Sie will nicht gesehen werden, am liebsten möchte sie ganz verschwinden, unsichtbar werden. Alles um sie ist so hell und schrill geworden seit dem Unfall. Damals im

Sommer hat ihr das nichts ausgemacht, sie hat jeden einzelnen Tag genossen an seiner Seite. Nachmittags sind sie mit den Rädern zum Rhein runtergefahren. Sie hat seine Hand genommen und ihre Fingernägel in sein Fleisch gebohrt. Du gehörst mir, bedeutete diese Geste, und Mario verzog schmerzverzerrt das Gesicht dabei, aber seine Augen haben gelacht.

„Kannst du daran glauben?" hat er sie gefragt und sie fest an sich gezogen. „Kannst du das? Dass es für immer ist, wie eine Bestimmung?"
Natürlich kann sie das, was für eine Frage. Etwas anderes kann sie sich gar nicht vorstellen. Sie gehen am Ufer entlang, beobachten die Schiffe, die mit Kohlen und anderen Transportgütern beladen nach nirgendwo fahren.
„Meike hat mich gefragt, ob ich schon mal was mit einem Jungen gehabt habe", erzählt sie atemlos, weil sie das Thema seitdem nicht mehr loslässt.
„Und, hast du?" Das Grübchen in seinem Kinn beginnt zu zittern, als er den Mund zu seinem breiten Mario-Grinsen verzieht.
Marlene hebt die Zigarettenschachtel, die sie gerade in der Hand hält und klopft ihm damit vielsagend gegen die Stirn. „Idiot!"
Mario reißt sie fast von den Füßen, wirbelt sie herum wie ein Ballett-Tänzer und lacht dabei wie ein Verrückter.

Und der Rhein war weitergeflossen zu ihren Füßen, schweigsam und zufrieden, vielleicht, weil ihm nichts anderes übrig blieb.

Noch eine Viertelstunde. Marlene schaut zum x-ten Mal auf die Armbanduhr. Die Frau mit dem Hund ist um die Ecke verschwunden. Langsam fängt sie an zu frösteln, der Himmel hängt voller Schnee, und sie hat nur die dünne Jeansjacke an. Außerdem fängt ihr rechter Arm unter dem Gips wieder an zu jucken. Umständlich macht sie die Knöpfe zu und kramt in ihrer Tasche nach Zigaretten. Camel. Das war seine Marke, jetzt ist es ihre. Auch die anderen Tage haben Spuren in ihr hinterlassen, die Schattentage, an denen sich alles falsch anfühlte. Nicht ihre Liebe, die nicht, aber der ganze Rest, der ihr zwischen den Füßen herumlag. Sogar ihre Mutter gehörte dazu, und das hat sie sie auch spüren lassen. Vielleicht war es ungerecht, aber sie konnte nicht anders. Damals war Krieg, in ihrem Kopf gab es keine Grenzen, und auch Mario konnte sie nicht davon abhalten.

„Räum jetzt endlich den Tisch ab, Marlene. Ich sag's nicht noch einmal. Ein bisschen Hilfe kann ich von meiner Tochter ja wohl erwarten."
Die Worte ihrer Mutter, in ihrem allgegenwärtigen weinerlichen Tonfall vorgebracht, treiben Marlene zur Weißglut. Was hat

die ihr überhaupt zu sagen? Die gehört nicht mehr zu ihrer Familie. Ihre Familie ist Mario.
Sie muss sich zwingen, ruhig zu bleiben.
„Du kannst mich mal!“ ruft sie über die Schulter und knallt die Tür. Mama wird es nicht wagen, ihr hinterherzuschleichen. Manchmal denkt Marlene, dass ihre Mutter Angst vor ihr hat, und diese Vorstellung macht sie größer, mächtiger, als sie eigentlich ist, aber manchmal tut es auch weh. Verdammt weh.
„Du solltest ihr ein bisschen entgegenkommen“, sagt Mario später, als sie allein über die Felder gehen. Der Herbst kündigt sich mit Nieselregen und ersten Stürmen an, und sie bleibt stehen und schiebt ihre kalten Finger unter seine Jacke. „Sie hat den Mann verloren, den sie geliebt hat. Wie würdest du reagieren?“
Bei diesen Worten spürt Marlene, wie die Farbe aus ihrem Gesicht weicht. „Ich würde sterben“, sagt sie.
Er umklammert ihre zitternden Schultern und küsst sie lange.

Endlich biegt die vier um die Ecke. Steifbeinig erhebt sie sich von der Bank im Wartehäuschen und steigt ein. Sechs Stationen, jeden Tag derselbe Weg, seit drei Wochen fährt sie diese Strecke. Und es gibt niemanden, der ihr das verbieten könnte. Jetzt nicht mehr.
Aus dem Fenster sieht sie, wie ein Mann seine Frau im Rollstuhl über die Straße schiebt. So soll es sein, denkt Marlene. Für immer und ewig, dafür ist der

Mensch geschaffen, da ist es egal, wie alt man ist. Trotzdem möchte sie manchmal weinen, auch um sich selbst, vor allem um sich selbst. Aber sie wird es nicht zulassen. Niemand außer Mario hat jemals ihre Tränen gesehen.

„Keine Kinder", sagt er leise und will nach ihrer Hand greifen, aber sie zieht sie weg. „Ist dir das klar? Es wird niemals Kinder geben, nicht mal einen Trauschein. Willst du dich ein Leben lang verstecken müssen? Wie eine Aussätzige? In Deutschland kommst du für so etwas ins Gefängnis."
Sie sieht graue Schatten auf seinen Wangen, seit zwei Tagen hat er sich nicht richtig rasiert, trägt dasselbe T-Shirt. Marlene will nicht hören, was er da sagt, es macht ihr Angst, eine Heidenangst. Ganz schlecht ist ihr schon.
„Heißt das, du liebst mich nicht mehr?"
„Noch viel mehr", sagt Mario, und sie sieht ein feuchtes Glitzern in seinen Augen. „Deshalb will ich ja, dass du glücklich wirst."
Marlene ist aufgestanden, sie setzt sich zu ihm auf die Armlehne und presst ihren Kopf gegen seinen Brustkorb, fängt an zu zittern und kann nicht wieder aufhören.
„Ist mir egal, was passiert", sagt sie leise. „Glücklich sein kann ich nur mit dir."

Das ist ihre letzte schöne Erinnerung an diese Zeit, bevor der Sommer endgültig zu Ende ging. Zum

Rhein runter fuhren sie nicht mehr, weil es zu kalt wurde. Wenigstens waren noch die Freitage übriggeblieben, wo Mama jetzt nachmittags in der Buchhaltung arbeitete. Die ganze Wohnung schien aufzuatmen, wenn ihre Mutter das Haus verließ, und trotzdem trugen selbst die Stunden, in denen sie sich hemmunglos liebten, einen bitteren Beigeschmack, die Realität ließ sich auf Dauer nicht aussperren, nicht ganz.

Sie hielten einander eng umschlungen, Mario bedeckte ihren nackten Oberkörper mit Küssen, und sie ließ sich treiben, versuchte wie immer zu vergessen, dass dieses Verlangen verboten war, dass sie ein Verbrechen begingen, mit jedem Kuss einen winzigen Tod starben.

Immer öfter zeigte er ihr das Buch über Schottland.

„Die Highlands", sagte er dann. „Nirgendwo wächst das Gras grüner als dort. Irgendwann nehme ich dich mit. Dann tanzen wir barfuß im Regen."

Sie hat ihn auf die Wange geküsst und gelächelt. Manchmal war er nur ein verträumter kleiner Junge.

Endlich kann sie aussteigen. Die Mauer zu ihrer Seite will kein Ende nehmen. Wilde Efeuranken hängen vertrocknet daran herab, abgestorben, wie sie selbst, aber etwas ist übriggeblieben, ein Funke, den sie nur

anblasen muss, genau im richtigen Moment. Ist es verboten, an Wunder zu glauben?
Irgendwann ist auch dieser Weg zu Ende. Marlene steht vor dem Osteingang des roten Backsteingebäudes und zündet sich eine Zigarette an, bevor sie hineingeht. So macht sie es jeden Tag. Sie tritt ein Stück zurück, um zum Fenster hochzuschauen; das dritte von links ist es, darin spiegelt sich die Sonne. Wie winzige goldene Sterne.

Hinterher hat sie sich oft gefragt, warum sie nichts gehört hat, aber es ist so. Sie sind beide vollkommen überrascht, als Mama auftaucht. Sie steht mitten im Zimmer, blass ist sie wie der Tod, und ihre Finger zucken ganz seltsam. Einen Moment lang denkt Marlene, dass ihre Mutter gleich in Ohnmacht fallen wird, aber dann macht sie zum Glück den Mund auf. Sie spricht ganz leise, ganz ruhig.
„Zieht euch was an", sagt Mama. Dann ist sie verschwunden.
Lange haben sie auf dem Bett gesessen, sie hören, wie Mama im Nebenzimmer telefoniert, und Marlene sucht im Schrank nach einer Tüte, weil sie Angst hat, dass sie gleich kotzen muss. Ins Badezimmer traut sie sich nicht. Marios Hand liegt heiß in ihrer, sie kann das Blut spüren, wie es viel zu schnell durch seinen Körper rauscht.

Die Zigarette ist fast aufgeraucht. Sie geht durch die Schwingtür hinein in die große Halle mit den viereckigen Pfosten, die Stimmen werden von den Wänden zurückgeworfen, wie in einer Kirche. Überall Schilder mit Werbung, Hinweisen, Adressen. Der Fahrstuhl kommt, und sie lässt sich von ihm verschlucken. Hätte Vater anders reagiert, hat sie oft gedacht, hätte er nur einmal gefragt, aber er hat nicht, konnte nicht. Zu pervers ist ihre Liebe, zu peinlich, um darüber nachzudenken.

Eine Woche später ist Mario abgefahren. Nicht einmal richtig verabschieden durfte sie sich, sie saß in der Schule und ließ sich mit Matheformeln berieseln, während sie ihn in den Zug gepackt haben. Ein Internat ist die beste Lösung, hat der Vater beschlossen.

Marlene schläft schlecht, sie kann kaum noch etwas essen vor Aufregung. Die Schule, der Sport, die langen Stunden vor dem Fernseher, alles geht an ihr vorbei wie Schatten. Mama spricht nur noch selten mit ihr. Wenn Marlene das Zimmer betritt, kann sie spüren, wie ihre Mutter gegen die Schamesröte ankämpft. Es interessiert sie nicht mehr. Eine Woche geht vorbei, dann die zweite, und Marlene wartet, den ganzen Tag wartet sie, und in ihrem Bauch kribbelt es die ganze Zeit dabei. Sie weiß, dass Mario kommen wird, irgendwann wird er kommen, der Rest spielt keine Rolle mehr.

Und eines Tages steht er auf dem Schulhof, er schwitzt so stark, und die Jacke ist ganz zerknittert, aber seine Augen strahlen immer noch.
„Ich hab einen Wagen."

Sie hat nicht gefragt, woher er den hatte, vielleicht hätte sie sich weigern sollen, aber ihre ganze Hoffnung lag in diesem alten A4, geklappert hat er schon beim Anfahren. Es hat sie nicht gestört, damals nicht und heute auch nicht, sie ist nur glücklich gewesen, so glücklich, ihn wiederzusehen. Wie er sie an sich gepresst hat, sie spürt seine starken Arme noch immer, die sie halten, die sie vor der ganzen Welt beschützen.

Langsam schlurft Marlene den hell erleuchteten Gang hinunter. Das Licht brennt immer hier, Tag und Nacht, in dem kleinen Glaskasten meldet sie sich an. Die Schwester begrüßt sie freundlich, hier freuen sich alle, wenn sie kommt. Hier gibt es keinen Unterschied, Liebe ist Liebe.

„Hinter uns sind die Bullen." Er schaltet krachend in den höheren Gang, leiert wild am Lenkrad herum, keine Spur von Servo, und der Streifenwagen holt langsam auf.
„Denkst du, die sind wegen uns hier?", fragt sie ganz harmlos. Vielleicht, ganz bestimmt suchen die jemand anders, denkt

Marlene, nicht zwei minderjährige Ausreißer in einem gestohlenen Wagen, aber dann sieht sie, wie sich sein Blick verändert. Panik kann sie erkennen, gemischt mit einer unheimlichen Entschlossenheit, er wird nicht aufgeben, er wird diesen Weg zu Ende gehen. Dafür liebt sie ihn noch mehr.
Die Autobahn vor ihren Augen löst sich auf, sie will nicht mehr hinsehen, viel zu sehr ist sie damit beschäftigt, ihren Herzschlag zu bremsen, aber es geht ab wie auf der Achterbahn, sie schwirren links und rechts vorbei an den anderen Autos, immer weiter schlingern sie, und immer näher kommt der grünweiße Wagen. Dann spürt sie, wie die Räder nicht mehr richtig greifen, als sie die Augen öffnet, rasen sie quer über die Fahrbahn, direkt auf die Leitplanke zu, an mehr kann sie sich nicht erinnern.

Marlene öffnet die Tür. Da liegt er, in diesem großen weißen Bett, mit halb geschlossenen Augen. Sie nimmt sich einen Stuhl und setzt sich an seine Seite, streichelt durch das blonde Haar, das sie kurz geschnitten haben. Es ist so leichter zu pflegen, hat ihr die Schwester erklärt.
Manchmal kommt es ihr so vor, als reagiere er auf ihre Berührungen, aber die Ärzte sprechen von ein paar Rest-Reflexen. Er wird nicht zurückkommen, haben sie gesagt. Dazu bräuchte es schon ein Wunder.

Marlene lächelt.
„Wo bist du jetzt?" fragt sie ihren Bruder, der niemals ihr Mann hätte sein dürfen, und greift nach der schlaffen Hand neben seinem Körper. Aber sie weiß es ja. Nirgendwo wächst das Gras so grün wie in Schottland.
Dort können sie tanzen.

Auf dem Geisenhuber Hof

Martin steht in der buckligen Einfahrt und hält Ausschau, ob nicht einer den Weg hinaufkommt. Vier waren's in den letzten beiden Tagen, der Herr Pfarrer eingeschlossen. Auch der Kreimers Otto ist schon dagewesen.

„Willst eine Vermisstenanzeige aufgeben?" hat er gefragt und das kleine Schnapsglas, das Martin ihm hingestellt hat, liebevoll angelächelt. „Passiert ja soviel heutzutage. Und ein schönes Weibsbild ist sie ja schon, deine Eva, da können die Tratschen sagen, was sie wollen."

Martin hat nur müde den Kopf geschüttelt. Die kann ihm gestohlen bleiben, hat er gesagt. Wenn er ihr nicht gut genug gewesen ist mit seinem kleinen Hof, dann kann sie ruhig wegbleiben. Nach dem dritten Apfelkorn hat der Otto dann auch seine Dienstmütze wieder aufgesetzt und sich verabschiedet. Für den Martin hat er eh nichts tun können.

Die Sonne zieht sich hinter die Wolken zurück, graue Wolken sind das, die ihn heute begrüßen. Es ist Mitte Oktober, das Wetter wird nicht mehr lange halten. Er geht ein Stück den Weg runter, bis zu der kleinen Weide vom Gasselwemmer, wo die letzten drei Rindviecher das vertrocknete Gras rupfen. Das wird doch nix mehr mit den Milchpreisen, das hat er schon lange erkannt. Auf seinem Hof leben nur noch Ziegen und ein paar Sauen, mit den Feldern will er im nächsten Jahr auch umsteigen, der Weizen ist schlecht gewesen dieses Jahr, und wenn er das Scheunendach reparieren will, braucht er nun mal ein paar Rücklagen. Doch ohne die Eva ist alles anders, das Klappern der Hoftür geht ihm auf die Nerven. Martin erinnert sich, wie sie das erste Mal hier oben gewesen ist, ganz fremd in ihrem Bürokostüm. Wie ein Kind hat sie ihn angelacht, und die winzigen Grübchen in ihren Wangen haben getanzt dabei.

„Eigentlich hättest du ein Komponist werden sollen", hat sie gesagt, und sich rücksichtslos in seine Arme geworfen. „Auf deinem Hof fängt alles das Singen an. Sogar der Milcheimer hat seinen eigenen Rhythmus, wenn der Wind ihn gegen die Stallwand haut."

Sie sind auf dem Heuboden rumgetanzt wie zwei Verrückte, und er hat sich furchtbar den Knöchel verstaucht da oben.

Mit der Eva ist die Musik eingezogen bei ihm, und auch das Lachen. Er versucht sich zu erinnern, wie es vorher war, aber da ist nichts mehr. Eigentlich hat sein Leben erst mit ihr angefangen, ein Leben zu sein. An den Rest will er nicht denken.

Heute ist Sonntag, und er hat seinen Anzug angezogen, den dunkelblauen mit den hohen Aufschlägen an der Hose. In der Kirche hat ihn gleich wieder die Frau vom Ries Erich angesprochen, die kann ihr Maul sowieso nicht halten, das hat die Eva auch immer gesagt.

„Lass sie ziehen", hat die Riesin gekrächzt und ihm ihren krummen Zeigefinger in die Brust gebohrt. „Wir haben doch alle gewusst, dass die nix ist für dich. Die passt einfach nicht auf einen Hof. Du findst bestimmt noch eine andere, eine, die der Herrgott dir auch wirklich rausgesucht hat." Dann ist sie mit rauschenden Röcken die Straße runter marschiert.

Im Sommer ist es gewesen, als er sie das erste Mal gesehen hat. Er hat die Milch ausgefahren und ist auf dem Rückweg beim Brunner Josef auf ein Helles eingekehrt. Und da hat sie gesessen, die Eva, ganz allein mit ihrem Wasserglas an einem Ecktisch.

Als er reinkommt, steht sie gleich auf und rennt zum Fenster. Der Martin schaut erschrocken an sich runter, vielleicht steht ja sein Hosenstall offen, oder warum hat sie solche Angst vor ihm bekommen, aber dann sieht er sie lachen. Ein herrliches Lachen ist das, vollkommen natürlich, und dann setzt sie sich wieder an den Tisch und schiebt den anderen Stuhl zurück, damit er sich dazuhocken kann.

„Tut mir leid", sagt sie und bekommt rote Wangen. „Der Wirt hat gesagt, da kommt der Milchbauer, und da hab ich gucken wollen, ob Sie einen Pferdewagen dabei haben. Bei uns in der Stadt sieht man ja nur noch Autos überall."

„Nein", sagt der Martin, und jetzt tut's ihm fast schon selber leid, dass er nur noch den alten Audi besitzt, einen Pferdewagen hat er keinen, aber wenn sie mal einen Hof sehen möchte, dann kann sie ihn gerne einmal besuchen. Im nächsten Moment kriegt er Schluckauf vor lauter Aufregung, wie kann er einer wildfremden Dame nur so ein Angebot machen, aber die junge Frau mit den kurzen braunen Locken scheint ihm das gar nicht übel zu nehmen.

„Ich muss gleich wieder zur Arbeit", sagt sie. „Aber vielleicht komm ich wirklich mal. Wie heißt du denn?"

Sie betrachtet ihn eine Weile mit Augen, die ihn innen drin fast verbrennen, und der Martin ist schon froh, dass ihm sein Name noch einfällt. Dann verabschiedet er sich und stürzt hinaus zu seinem Wagen. Am liebsten hätte er gleich ein Pferd gekauft, aber das ist natürlich Blödsinn. Sicher hat sie sich nur über ihn lustig gemacht.

Als es dann ein paar Tage später an seiner Tür klopft, weiß er es sofort, auch wenn er's zuerst nicht glauben will. Da steht sie,

mitten auf dem Hof und lacht schon wieder, weil er so komisch aussieht mit den löcherigen Socken. Die Hausschuhe hat er in der Eile nicht finden können.
„Was schaust denn so?“, fragt sie ihn und greift ganz selbstverständlich nach seiner Hand. „Ich hab doch gesagt, dass ich komme.“

Keiner hat es damals glauben wollen, dass die Eva sich bei ihm wohlfühlen könnte, eine aus der Stadt, die den ganzen Tag nur mit Zahlen jongliert in ihrem Büro. Das kann doch nix werden, haben sie gesagt. Aber die Eva hat ihn nur ganz fest gedrückt und ihren Kopf an seine Brust gelehnt.
„Ich find's wunderschön hier oben“, hat sie ihm ins Ohr geflüstert und ein paar Blätter vom Holunderstrauch gezupft. „Manchmal denk ich, ich hätt schon immer hierher gehört.“

Martin löst seine Krawatte und hängt sie über den Weidezaun. Wozu soll er sich hier oben die Gurgel zuschnüren, für die Rindviecher vielleicht? Eine Wut tobt in ihm, ein heiliger Zorn, und er möchte den Pfosten niedertreten, aber er lässt nur die Schultern hängen und geht zurück zum Haus. Er hat überhaupt kein Recht, wütend zu sein. Er wohl am allerwenigsten.

Im Schlafzimmer liegt noch immer das Bettzeug am Boden. Wenn er daran denkt, wie es hier vor drei Tagen ausgesehen hat, wird ihm ganz elend zumute. Der ganze Boden übersät von Rosenblättern, gelbe dazwischen, weil die roten ausgegangen waren… Aber das kam später. Der Anfang war besser, an den Anfang erinnert er sich gerne.

Die Angst ist auch damals schon da, aber sie hat sich irgendwo hinter der ersten Begeisterung versteckt. Eine Frau, er, Martin Geisenhuber, hat eine Frau gefunden, eine, die ihn lieb hat mit seinem dicken blonden Wollhaar und dem stämmigen Körperbau. Und was für eine.

„Willst mir nicht helfen, das Geschirr rein tragen?" Sie steht auf der Vordertreppe, die Hände entschieden in die Hüften gestemmt, eine Schürze hat sie umgebunden, wie eine von den Alten, aber sie ist anders, ganz anders, da ist ein helles Leuchten in ihren Augen, so eins hat er im ganzen Ort noch nicht gefunden.

„Nun mach schon, du Schlafmütze."

Es bricht ihm fast das Kreuz, wie sie ihm den schweren Korb gegen die Brust drückt, und im nächsten Moment wirbelt sie herum und schenkt ihm ein Lachen, das alles vergessen lässt. Fällt ihm in die Arme, dass sie beide auf den Boden plauzen. Und fallen lassen will er sich, in ihrer Nähe ist alles ganz leicht, so hat er sich nie gefühlt, in all den Jahren nicht. Aber der Zauber währt nicht lange, schon fängt die alte Angst wieder an zu pochen, brummt ihm unter der Oberfläche im Schädel herum. Mit ihren schneeweißen Fingern fährt die Eva ihm durchs Haar und presst seinen Kopf gegen ihren kleinen runden Busen. Jasmin kann er riechen und etwas wie gerösteten Sesam. Nur mühsam kann er sich losmachen, muss sie niederringen, um ihr endlich richtig in die Augen zu sehen.

„Eva", sagt er und hält noch immer ihre Arme umfangen. „Eva, bist du dir wirklich sicher? Ich meine, weißt du, worauf du dich da einlässt mit mir?"

„Was redest du denn da?" Winzig kleine Blitze sprühen aus ihren Augen, das Lachen ist erloschen, und sofort tut es ihm wieder leid, aber er kann ja nicht anders.

„Übermorgen wird geheiratet", sagt sie bestimmt. „Und da kommst mir jetzt mit so einem Schmarrn. Hast du mich denn nicht mehr lieb?"

Martin fängt an zu schwitzen, er muss sie loslassen, um sich aufzusetzen und sich mit dem Taschentuch über den Nacken zu fahren. Er spürt ihre Bewegung neben sich wie einen Luftzug, dann streicht sie ihm vorsichtig das nasse Haar aus der Stirn und berührt seine stoppelige Wange.

„Du weißt ja gar nicht, wie arg", sagt er, und seine Augen werden feucht dabei. Zögernd dreht er den Kopf und lässt sich küssen.

Er kann das Schlafzimmer nicht mehr ertragen, das Bett, die Decke mit dem Blümchenmuster. Wie gerne möchte er die Erinnerung verscheuchen, aber sie beißt sich fest und lässt ihn nicht mehr los. Überall im Haus verfolgen ihn die Erinnerungen wie die Bluthunde, die Vase, die sie im letzten Sommer getöpfert hat, ihr Regenschirm mit den blauen Tupfen drauf. Draußen fängt es an zu regnen, aber er geht trotzdem noch einmal hinaus. Hinter dem Haus durchquert er den kleinen Gemüsegarten, den die Eva angelegt hat. An der Seite stehen immer noch ein paar verwelkte Sonnenblumen und nicken im Wind vor sich hin, das kleine Beet hinter dem Rosenkohl liegt brach. Im Frühjahr wird er dort Erdbeeren pflanzen.

Martin streckt das Kreuz durch, dass es kracht. Sein Kopf ist auf einmal wie leergefegt, keinen klaren Gedanken kann er fassen hier draußen, wo er dauernd an sie denken muss. Wieder ein Klappern, das ihn nicht mehr an Musik erinnert, erinnern darf. Diesmal ist es die Stalltür. Nichts ist dicht auf dem Geisenhuber Hof, alles fällt auseinander, und jetzt, wo die Eva nicht mehr da ist, bemerkt er erst so richtig, wie tot sich alles anfühlt.

Damals ist er mit ihr durch die Ställe gegangen, Hand in Hand hat sie sich alles zeigen lassen, und ihre Begeisterung hat er überhaupt nicht verstanden.

„…dann noch die Rosa, die Zenzi, und die kleine Braune da hinten ist die Gretel", hat er ihr die Viecher vorgestellt.

„Vierzehn sind's im Moment. Willst du die Sauen auch noch sehen?"
Die Eva hat ihn einen Moment losgelassen und hat sich nach der Holztür umgeschaut.
„Und was ist da in dem kleinen Nebenraum?" hat sie gefragt.
„Das ist die Cynthia", hat er ihr erklärt und wollte sie gleich wieder nach draußen ziehen, aber die Eva ist einfach stehen geblieben.
„Und warum steht die so allein da herinnen?"
„Weil sie krank war. Es geht ihr aber schon besser. Vielleicht kann sie bis zum Frühjahr wieder zurück in den Stall." Auf einmal ist seine Laune wieder trüb, er sieht die Wolken aufziehen, die seit der Hochzeit vom Himmel verschwunden waren, und eine dunkelgraue Wand aus Verzweiflung türmt sich vor ihm auf, dass ihm ganz schwindelig wird.
„Was hast'n?" Sie sieht ihn ganz erschrocken an, groß sind sie, ihre Augen und herrlich blau.
„Nix. Geht schon." Schwer stützt er sich auf ihren Arm, und sie zieht ihn mit sich ins Haus. Das war vor zwei Jahren.

Auf dem Geisenhuber Hof muss das Leben weitergehen, und auch wenn die Eva nicht mehr da ist, sollte er sich doch wenigstens was zum Essen machen, aber sein Magen rebelliert schon bei dem Gedanken an die kalten Kartoffeln vom Mittagessen. Nicht mal eine Scheibe Graubrot könnte er jetzt runter bekommen. Erschöpft setzt er sich auf die kleine Bank neben dem Eingang zum Stall, auf der er im Sommer so oft mit der Eva gesessen hat. Mit meiner Frau, denkt er, und die Worte klingen ganz seltsam und auch verlogen in seinen Ohren. So richtig seine Frau geworden ist sie ja nie.

„Des wird schon, wirst sehen", hat die Eva damals gesagt und ihn ganz fest in den Armen gehalten. „Sowas gibt's ja gar nicht. Ich glaub, du bildest dir das nur ein. Ein junger Kerl wie du. Des wär doch gelacht."

Gelacht hat sie ein paar Monate später nicht mehr.

„Kompanie aufgesessen!" Sie kniet auf dem Bett wie eine lebende Einladungskarte. Nur ein dünnes Hemdchen hat sie an und gar nichts drunter, das kann er schon von der Tür aus erkennen. „Ist der Soldat schon so müde?"

Der Martin fängt mitten im Sommer zu frösteln an, wie im Fieber fühlt er sich, und in seinem Mund ist es so sandig, dass er kaum noch schlucken kann. Sie wirft einen Zipfel von der blauen Tagesdecke nach ihm, wie ein Spiel sieht das aus, ganz leicht, und er kann sich ein Lächeln nicht verkneifen, als er das Ende auffängt. Ganz langsam zieht sie ihn zu sich heran, das Bettzeug ist jetzt ein Lasso, und der Martin der wilde Stier, der sich darin verfangen hat. Der Gedanke macht ihm Angst, aber er traut sich auch nicht loszulassen. Heiße Hände fahren über seinen Körper, während er zitternd in ihren Armen verschwindet.

„Nun lass dich doch nicht so hängen“, flüstert sie ihm zu und greift fest in seine Haare. „Das wird dir auch gefallen.“
Aber dem Martin gefällt im Augenblick gar nichts mehr. Er greift unter der Decke vor und macht die Nachttischlampe aus, trotzdem ist es immer noch viel zu hell im Zimmer. Die Eva presst sich mit ihrem ganzen nackten Körper gegen ihn, er kann ihre Brust an seiner spüren. Vorsichtig hebt er einen Arm und berührt ihre empfindliche Brustwarze, tastet ihr zuliebe noch ein Stückchen tiefer.
„Du brauchst vor mir doch keine Angst zu haben“, sagt sie leise und küsst ihn auf den Hals. Dann plötzlich spürt er, wie ihre Finger vordringen in verbotenes Terrain, immer tiefer wandern sie an ihm hinunter.
„Martin! Jetzt bleib doch hier!“
Mit einem Satz ist er aufgesprungen. Er dreht sich nicht um, will nicht die Enttäuschung in ihren Augen sehen, geht einfach hinaus auf den Flur. Kaum, dass er noch Luft bekommt, und schlecht ist ihm auch. Er ist eben nicht so wie die anderen Männer. Was kann er denn dafür?

Die Aussicht von hier oben ist noch immer schön, denkt der Martin, und schluckt ein paar Tränen hinunter, die ihm nicht zustehen. Der Blick über die Weiden, den kann ihm keiner nehmen, auch wenn er nichts mehr hat davon, jetzt, wo er allein ist hier oben. Aber die Eva ist immer da, in seinem Kopf macht sie sich selbstständig und zwingt ihn zurück in die Erinnerungen, denen er nicht mehr ausweichen kann. Eine Weile hat sie ihn ja in Ruhe gelassen nach dem missglückten Versuch, aber dann ging es wieder von vorne los, und diesmal war es ihr ernst, das hat er deutlich gespürt.

Eigentlich wollten sie doch zusammen den Spielfilm sehen, die Eva hat extra eine Schale mit Erdnüssen hingestellt und noch was zum Trinken. Sie sitzen zusammen auf dem Sofa unter der Steppdecke, und sie schmiegt sich ganz fest in seinen Arm. Martin liebt es, wenn sie so anhänglich ist, dann fühlt er sich wie ein Beschützer, das tut gut, ein richtiger Mann kann er in solchen Momenten sein. Aber die Eva muss das wohl falsch verstanden haben.

„Weißt du was?“ fragt sie ihn und kriecht noch ein bisschen näher zu ihm heran. „Ich möcht gern Kinder haben mit dir. Am liebsten eine ganze Fußballmannschaft.“

Der Martin guckt starr auf den Bildschirm, wo schon der Vorspann läuft und brummt zustimmend vor sich hin. Er hofft, dass das Thema damit für den Abend ausgestanden ist, obwohl er es besser wissen müsste.

„Du weißt aber schon, dass die Kinder nicht vom Himmel fallen, oder?“, sagt sie leise. Dann zupft sie ihn sanft am Ohrläppchen, wie sie es früher auch immer gemacht hat, und plötzlich hat sie die Fernbedienung in der Hand.

„Ich war heut in der Stadt", sagt sie und schaltet den Videorekorder ein. „Und da hab ich uns was mitgebracht. Vielleicht magst ja erst mal ein bisschen mit mir zuschauen."
Im nächsten Moment hört das Flimmern auf, und was der Martin da zu sehen bekommt, treibt ihm den Blutdruck in die Höhe. Eine Krankenschwester, die über den Bildschirm stolziert, aber das ist gar keine richtige Krankenschwester, die Brüste fallen ihr beinahe vorn aus dem Kittel heraus, und dann kommt noch ein Mann dazu und zieht ihr die letzten Fetzen vom Leib. Stumm hockt der Martin vor der Mattscheibe und guckt, wie die es miteinander treiben, wirft immer wieder einen schockierten Blick zu seiner Frau hinüber, aber die lächelt nur still in sich hinein.
„Hast gedacht, ich weiß nicht, was dir gefällt?", fragt sie ihn und merkt gar nicht, wie er sich immer tiefer unter der Decke verkriecht.
Vorsichtig schiebt sie ihre Hand über seinen Oberschenkel und spielt am Bund seiner Schlafanzughose herum. Er spürt, wie seine Bauchmuskeln aufgeregt zu zucken anfangen. Sie hebt den Kopf und schaut ihn an, ihr Gesicht kommt so nah, dass ihm die Augen tränen, und dann schleichen die Finger ungefragt unter den Stoff und greifen einfach zu. Der Martin wird steif wie ein Toter, und sein Herz rennt ihm fast davon vor Angst, und als sie loslässt für einen Moment, um sich anders hinzulegen, steht er auf und will schon wieder verschwinden. Hinter ihm ruft die Eva mit einer ganz heiseren Stimme, aber er bleibt nicht stehen.

„Du kannst doch nicht dein ganzes Leben lang davonlaufen!", hört er noch, dann ist er endlich im Schlafzimmer angekommen und schnappt keuchend nach Luft. Er schließt fest die Augen, und die Tränen pulsieren unter seinen Lidern.

Das Wasser läuft ihm in den Kragen, aber er wehrt sich nicht. Immer noch tanzen seine Gedanken im Kreis, lassen ihn nicht verschnaufen, nicht einen Moment lang. Der nächste Morgen war auch nicht besser. Am nächsten Morgen hat er zum ersten Mal gemerkt, wie unglücklich die Eva mit ihm ist. Er bekommt einen Kloß im Hals, wenn er daran zurückdenkt.

„Und wenn wir doch ein Kind adoptieren?" Er sitzt am Küchentisch, während sie die Gerstensuppe nochmal umrührt und nach den Knödeln schaut. Ihre Augen sind rotgeweint, das kann er deutlich sehen. Sie wischt sich die Hände an der Schürze ab und schaut ihn an wie einen Fremden.
„Du bist ja nicht gescheit", sagt sie laut und knallt den Deckel auf den Schmalztopf, dass das Porzellan fast in Stücke bricht. „Zum Arzt sollst du gehen, da stimmt doch was nicht. Bin ich wirklich so hässlich, oder hast inzwischen eine andere?"
Immer näher kommt sie jetzt, den Rührlöffel in der Hand, und ein paar Tropfen von der Suppe landen auf dem Fußboden dabei. „Was ist los, Martin? Red doch mit mir."

Er blickt in ihre Augen, die jetzt in Tränen schwimmen, und steht auf. Er weiß, dass sie auf eine Umarmung von ihm wartet, auf ein Wort wenigstens, aber er kann nicht.
„Geh mir fort mit den Ärzten", brummt er und geht nach draußen. Sein Schädel pocht zum Zerspringen. Alles gelogen, von Anfang an, bis auf das eine. Lieb hat er sie immer gehabt, die Eva. Auf seine Weise schon.

Es wird langsam dunkel. Noch immer sitzt er auf der kleinen Bank im Hof, mitten im Regen. Das Blumenbeet sieht traurig aus. Nächste Woche wollte die Eva dort Astern pflanzen, vielleicht ein paar Erika für'n Winter. Jetzt wird es das nicht mehr geben. Aber die Erdbeeren wird er setzen, wenigstens das kann er tun. Erdbeeren hat's immer so gern gegessen, die Eva. Die Erde auf den Beeten weicht immer mehr auf vom Regen, immer stärker prasselt das Wasser vom Himmel. Der Petrus macht die Schleusen auf, sagen die Leute im Dorf bei so einem Wetter. Martin will gar nicht mehr wissen, ob das alles stimmt, was da in der Bibel steht. Er wird auch nicht mehr in die Kirche gehen, sollen sie sagen was sie wollen.

Vor drei Tagen war's, er sieht alles ganz deutlich vor sich, er kann gar nichts dagegen machen. Müde ist er gewesen von der Arbeit, mit den Knochen hat er jetzt auch langsam Probleme, aber die Eva war nirgends zu finden. Erst als er an der

Schlafzimmertür vorbeikommt, sieht er ein flackerndes Licht unter der Tür durchschimmern, und alles riecht nach Blumen, der ganze obere Stock, wie in einer Gärtnerei. Als er die Tür öffnet, rutscht ihm das Herz bis ganz nach unten, die Eva liegt auf dem Bett, aber sie hat gar nix an heut, vollkommen nackend liegt sie da, auf dem Rücken, dass er ihre Brust sehen kann, wie sie auf- und absteigt beim Schnaufen. Auf dem Nachttisch steht ein Strauß Blumen, und der ganze Boden ist bestreut mit roten und gelben Rosenblättern. Zwei dicke Kerzen hat sie auf die Kommode gestellt, das Wachs läuft in langen weißen Tropfen daran herunter, und die Eva schlägt ganz langsam die Augen auf, als hätt sie grad noch geschlafen, dabei ist sie hellwach. Martin weiß genau, was das bedeutet, blöd ist er ja nicht, aber er hatte so gehofft, dass sie es endlich aufgeben würde.

„Komm schon her", sagt sie und lächelt ihm vom Bett aus zu, wie aus einer anderen Welt.

Martin will nicht, am liebsten möchte er gleich wieder runtergehen, aber sie nimmt seine Hand, und wehtun will er ihr ja auch nicht. Mit einer erschreckenden Kraft zieht sie ihn zu sich runter und fängt an, ihm seine Kleider auszuziehen.

„Du weißt doch, dass ich net kann", sagt er, während sie ihm das Hemd übern Kopf zieht und es einfach in die Ecke wirft. So kennt er die Eva gar nicht, ganz heiß wird ihm bei dem Gedanken, was die noch alles mit ihm anstellen kann.

„Das kriegen wir schon hin", flüstert sie ihm ins Ohr, und schon liegt er neben ihr, splitternackt, und fühlt sich ausgeliefert

und furchtbar klein. Sie küsst ihn, direkt unter dem Nabel, und ein bisschen was spürt er tatsächlich in dem Moment. Das macht ihm Mut, er will ja sein wie die anderen Männer, er will Kinder mit ihr haben. Er kann ihr gar nicht sagen, wie arg er sich das alles wünscht.

Ganz langsam, wie eine Schleichkatze, drängt sie sich näher an seinen Körper, und dann tut sie etwas, das sie vorher noch nie getan hat. Martin spürt, wie ihre Lippen sich um seinen Bembel schließen, wie sie zu saugen anfängt, erst ganz vorsichtig, dann richtig gierig, ein ganz zartes Pochen merkt er, nicht wirklich unangenehm, aber dann bekommt er plötzlich Angst.

„Schscht", macht die Eva. Sie küsst ihn auf den Mund und nimmt wieder seine Hand, führt sie nach unten zwischen ihre Beine. Er kann die winzige Erhebung fühlen, die sie da hat, sie streicht mit seinen Fingern darüber, kleine Kreise macht sie, und dem Martin wird immer mulmiger dabei. Als sie anfängt, schneller zu atmen, ist es um ihn geschehen.

„Ich kann das nicht!", sagt er und steht vom Bett auf, buckt sich nach seiner Hose, die irgendwo auf dem Boden herumfährt, aber die Eva findet das gar nicht komisch.

„Du hast's ja noch gar nicht richtig versucht!", kreischt sie. „Warum bist du nur so ein verfluchter Feigling?" Mit einem Ruck steht sie vor ihm, trommelt mit ihren kleinen Fäusten auf seiner Brust herum. Er kann nicht mehr. Es ist genug. Sie soll ihn endlich in Ruhe lassen.

„Hättest mich ja nicht heiraten müssen! Habs dir ja gleich gesagt!“, brüllt er und wirft die Türe hinter sich zu, dass die Blumenvase laut zu scheppern anfängt.
Er kann die Eva noch heulen hören, als er längst unten in der Küche sitzt. Es ist ja seine Schuld. Er hat sie angelogen, eigentlich immer schon, denkt der Martin und zerreißt die Zeitung beim Auseinanderfalten. Dabei wollte er sie so gerne glücklich machen.

Irgendwann steht er doch auf, um ins Haus zu gehen. Ist schließlich auch niemandem mit gedient, wenn er sich eine Lungenentzündung holt hier draußen. Und den Doktor kann er im Moment bestimmt nicht gebrauchen. Der Teller mit den Kartoffeln steht immer noch im Kühlschrank. Die kann morgen die Muttersau haben. Im Schlafanzug setzt er sich vor den Fernseher und dreht den Ton ab, schaltet die ganzen Programme durch. Wie die Deppen sehen die Figuren auf dem Bildschirm aus, wenn man sie nicht hört. Eine Nachrichtensprecherin, die nur dämlich den Mund bewegt, im Zweiten eine Tanztruppe ohne Musik. Genauso ist seine Ehe verlaufen, denkt er und reißt sich eine Dose Bier auf. Die Musik hat gefehlt, die Musik hat nur der Eva gehört, niemals ihm. Und jetzt hat sie sie mitgenommen.

Als er sich endlich ins Bett schleicht, ist sie schon eingeschlafen. In ihrem rosa Nachthemd liegt sie brav auf der Seite und atmet leise ein und aus, er kann ihren Rücken sehen, der sich kaum bewegt dabei. In der Ecke steht eine Plastiktüte, da hat sie die Rosenblätter hineingeschüttet. Die Kerzen sind auch verschwunden. Es ist besser so.

Die Eva hat einen gesunden Schlaf. In zwei Jahren Ehe ist sie niemals nachts aufgewacht. Martin kann nicht einschlafen. Zu viel geht ihm im Kopf herum. Hat er sie wirklich geheiratet, weil er sie lieb hat? War da nicht auch ein bisschen Hoffnung mit dabei, dass die Eva es schaffen könnte, ihn herumzudrehen? Er hätte ehrlich sein müssen, von Anfang an. Aber er kann nicht, auch jetzt nicht. Sie würde nicht verstehen, was mit ihm los ist, er versteht es ja selbst nicht.

Ganz leise steht er wieder auf und schleicht sich hinunter; der Wind hat zugelegt heute Nacht, die Tannen drüben beim Gasselwemmer schaukeln wild hin und her wie betrunkene Riesen. Einen Augenblick hält er ganz still, horcht noch einmal, ob sie wirklich schläft, bevor er das Stall-Licht einschaltet. Er hat die Eva nicht kommen hören. Wie ein Gespenst taucht sie hinter ihm auf, ihr Gesicht ist ein weißer Fleck in der Dunkelheit, da ist kein Gefühl mehr drin, er erkennt sie kaum wieder in diesem Moment. Dann fängt sie an zu schreien.

Einen ekelhaften Scheißkerl hat sie ihn genannt, und noch ganz andere Sachen, an die meisten erinnert er sich nicht mehr. Nur noch an den Wind, der in den Bäumen gerauscht hat, und

an seine Angst, die ihm im Bauch herumgewirbelt ist wie eine Krankheit. Die ganze Zeit hat er über ihre Schulter zum Hof vom Gasselwemmer rüber gestarrt und gewartet, dass da gleich einer Licht macht und alles mitbekommt.
„Ich will nicht still sein!", hat die Eva gebrüllt, und dass sie jetzt runter geht ins Dorf und jedem da erzählen wird, was für einen Teufel sie zum Mann hat, und dem Herrn Pfarrer, dem wird sie's als erstes sagen.

Wie er plötzlich an die Schaufel gekommen ist, weiß er nicht mehr, und auch der Rest verschwimmt in seinem Kopf wie dicker Nebel. Er würde ihr gern ein Kreuz aufs Grab setzen, der Eva, so ein schönes, handgeschnitztes, aber das geht ja leider nicht. So müssen die Erdbeeren eben reichen.

Die Leute im Fernsehen sehen alle gleich aus, er kann sich einfach nicht konzentrieren, vielleicht wird es morgen besser sein. Und mitten in der Angst taucht ein altbekanntes Gefühl wieder auf. Nie wieder, hat er sich geschworen, aber was soll er machen. Es ist einfach stärker als er, und jetzt ist sowieso schon alles egal. Mit klammen Fingern schließt er die Haustür auf, diesmal muss er nicht leise sein. Der Regen hat aufgehört. Martin knipst das Stall-Licht an und macht einen großen Bogen um die Pfütze, die sich drinnen gesammelt hat. Auf dem Geisenhuber Hof ist nichts mehr in Ordnung. Vorsichtig geht er auf die Cynthia zu und streichelt sie hinter den Ohren, um sicherzugehen, dass sie auch richtig wach ist.

Dann lässt er die Hose runter und tut, was er tun muss.

Die Autorin

Birgit Boeckli, geboren 1972 in Mönchengladbach Rheydt, lebt mit ihrer Familie in einer Kleinstadt in Nordbaden. Mit dem Schreiben begann sie schon in frühester Kindheit. So entstanden im Laufe der Zeit eine große Anzahl an Kurzgeschichten, in den letzten Jahren auch längere Erzählungen und erste Romane.

Weitere Informationen finden Sie auf der Homepage www.birgit-boeckli.de